AF206559

Meditation

Meditieren lernen für Anfänger:
Mehr Achtsamkeit, Entspannung
und Gelassenheit im Alltag

Auflag 1

Michael Fischer - 2019

Inhaltsverzeichnis

Vorwort

Viele Menschen in der modernen Welt können sich nicht einmal mehr vorstellen, dass sie davon profitieren, wenn sie meditieren. Das liegt nicht zuletzt daran, dass sie Zeit ihres Lebens von falschen Glaubenssätzen geprägt werden. Beispielsweise denken sie, dass sie ständig aktiv und produktiv sein müssen, um Erfüllung und Glück in ihrem Leben zu finden. Doch dem ist bei weitem nicht so. Denn bei Meditation handelt es sich um eine spirituelle Praxis, die in zahlreichen Religionen und Kulturen ausgeübt wird. Bekannt ist die Meditation zwar in erster Linie von fernöstlichen Religionen wie dem Buddhismus, jedoch kann auch das im Christentum praktizierte Gebet durchaus als eine Form der Meditation betrachtet werden.

Die Konzentrations- und Achtsamkeitsübungen, die während einer Meditation ausgeführt werden, sollen den Geist des Menschen beruhigen und dazu beitragen, dass er sich sammeln kann. Sehr oft wird der Meditation auch eine bewusstseinserweiternde Wirkung zugeschrieben, wie sie auch beim Konsum bestimmter Drogen zu beobachten ist.

Der Meditierende strebt dabei einen Zustand der Stille und der Leere an und möchte mit sich und der Umwelt eins sein. Das klingt auf den ersten Blick sehr viel komplizierter als es ist, denn im Grunde kann jeder Mensch das Meditieren lernen. Wichtig ist in diesem Zusammenhang nur, dass jeder für sich die passende Meditationsform findet. Denn es wird in der Meditation zwischen aktiven und passiven Methoden unterschieden, welche meist im Sitzen praktiziert werden.

Was bringt die Meditation?

Im Vordergrund steht bei der Meditation, sofern diese regelmäßig praktiziert wird, zwar ein Mehr an Zufriedenheit und innerer Gelassenheit, wirksam ist die Meditation aber auch bei ganz alltäglichen Problemen wie etwa Schlafstörungen oder Liebeskummer.

Das macht die Meditation zu einem wichtigen Schlüssel für ein glücklicheres und zufriedeneres Leben. Und auch wer täglich nur wenige Minuten für die eigentliche Meditation aufwenden kann, kann in seinem Alltag durchaus entsprechende Techniken integrieren. So lässt sich etwa Achtsamkeit, die eine wichtige Voraussetzung für die Meditation ist, in nahezu jeder Lebenslage praktizieren. Dieser Bewusstseinszustand bedeutet nämlich nicht mehr, als dass die Betroffenen alles, was sie machen, besonders achtsam aufführen. Auch diese Techniken und Praktiken stammen übrigens aus der buddhistischen Lehre.

Die Geschichte der Meditation

Einen einzigen Erfinder der Meditation gibt es nicht, da die Meditation in zahlreichen Kulturen einen äußerst hohen Stellenwert einnimmt. So gilt beispielsweise im Jainismus, Hinduismus und Buddhismus das Erreichen des sogenannten Nirwana als höchstes Ziel. Hierbei handelt es sich um einen Zustand, bei welchem die Betreffenden es schaffen, aus dem Kreislauf der Wiedergeburten auszutreten und höchste Vollkommenheit erreichen. Im westlichen Kulturkreis, also im Islam, dem Judentum und dem Christentum ist es hingegen das höchste Ziel einer Meditation, das göttliche Prinzip unmittelbar zu erfahren.

Mittlerweile hat sich die Meditation jedoch zumindest in der westlichen Welt von ihren religiösen Traditionen weg entwickelt und bewegt sich hart an der Grenze zu einer beliebigen Lifestyle-Praxis. Denn wer Meditation praktiziert, will damit in erster Linie sein allgemeines Wohlbefinden steigern oder setzt die Meditation zur Behebung psychischer Probleme ein.

Die fernöstlichen Traditionen

Insbesondere im Buddhismus, Daoismus und Hinduismus hat die Meditation einen ähnlich hohen Stellenwert, wie es im Christentum bei einem Gebet der Fall ist. Eine besonders lange Tradition hat die Meditation dabei in Indien, wo die beiden Weltreligionen des Hinduismus und Buddhismus ihre Wurzeln haben. Dort wurden erstmals auch unterschiedliche Zustände der Versenkung beschrieben, die in Japan und China weiterentwickelt wurden. So stützen sich etwa das Chan aus China und das Zen aus Japan auf die Traditionen des indischen Yoga. Während nach der Tradition des Yoga durch die Meditation aber in erster Linie spirituelle Ziele verfolgt werden, stehen bei der Daoistischen Meditation die Aspekte Konzentration, Visualisierung und Innenschau im Vordergrund. Der Meditierende strebt hier eine Einheit mit dem Dao und die Erlangung der spirituellen Unsterblichkeit an.

Meditation in der christlichen Tradition

Gepflegt wurde die Meditation auch in der christlichen Religion, wenngleich diese hier als „geistige Übungen" bezeichnet wurde. Das große Ziel bestand hier darin, durch die Meditation das Denken und den Verstand zur Ruhe zu bringen.

Die verschiedenen Meditationstechniken

Grundsätzlich unterscheiden sich die bis in die Gegenwart hinein gepflegten Meditationstechniken in erster Linie im Hinblick auf ihre Herkunft. Weit verbreitet sind in der westlichen Welt etwa Meditationstechniken, welche von fernöstlichen Lehren inspiriert wurden. Diese Techniken helfen dem Meditierenden dabei, einen geistigen Zustand der Entspannung zu erreichen.

Das 1x1 der Meditation

Meditieren in der Theorie

Viele Menschen gehen irrtümlich davon aus, dass das Ziel der Meditation darin besteht, völlig frei von Gedanken zu sein und sich aus der Welt zurückzuziehen. Jedoch ist genau das Gegenteil der Fall: Durch die Praxis der Meditation lernt der Mensch, achtsam und völlig präsent in der Gegenwart zu stehen, wodurch er gegenüber sich und seiner Umwelt ganz automatisch auch aufmerksamer wird.

Denn in der modernen und hektischen Welt des Menschen springen die Gedanken nur allzu oft und zu schnell von einem Thema zum nächsten und so mancher fühlt sich dieser Tatsache regelrecht ausgeliefert. Die Meditation hilft den Betroffenen also auch dabei, seinen Geist aufzuräumen und nicht den Fehler zu machen, jene Emotionen und Gedanken ziehen zu lassen, die nützlich für ihn sind. Das ist mittlerweile in verschiedenen wissenschaftlichen Studien sogar bewiesen. So haben Menschen, die regelmäßig meditieren nicht nur eine bessere Aufmerksamkeit und ein stärkeres Immunsystem, sondern neigen auch weniger stark dazu, Depressionen oder Wutgefühle zu entwickeln.

Auf die richtige Haltung kommt es an

Zu den wichtigsten Hilfsmitteln für eine gelungene und erfolgreiche Meditation gehört die richtige Körperhaltung, weshalb es auch eine traditionelle Sitzhaltung gibt, die als Lotussitz bezeichnet wird. Diese Haltung hilft dem Geist dabei, zur Ruhe zu kommen und unterstützt deshalb auch die Meditation. Der Untergrund ist hierbei völlig egal, wichtig ist nur, dass der Meditierende möglichst entspannt sitzen und eine aufrechte Körperhaltung einnehmen sollte.

Sobald sich der Meditierende in diese Position begeben hat, lässt er seinen Atem ganz natürlich fließen. Eine bewusste Änderung der Atmung sollte der Meditierende unterlassen, denn die Atmung wird im Lauf einer Meditation ohnehin meist tiefer und ruhiger und verlangsamt sich. Nun konzentriert sich der Meditierende voll und ganz auf seinen Atem, weil dieser ihn mit dem Hier und Jetzt verankert. Tauchen in dieser Phase fremde Gedanken auf, sollte der Meditierende seien Achtsamkeit wieder voll und ganz auf seinen Atem richten.

Gern praktiziert wird aber auch das Zählen der Atemzüge, wobei das Ein- und Ausatmen gemeinsam als eine Zahl genommen werden. Anschließend zählt der Meditierende bis zehn und fängt daraufhin wieder von vorne an. Das klingt einfacher als es ist, denn es fällt manchen Menschen ungemein schwer, ihre volle Aufmerksamkeit einzig und allein auf das Atmen zu richten. Erst wenn es problemlos gelingt, bis zehn zu zählen, kann die Zahlenreihe weiter ausgedehnt werden.

Eine Meditation lässt sich aber auch überall in der Natur, beispielsweise beim Gehen, praktizieren. Ein intensiverer Kontakt mit der Natur lässt sich herstellen, wenn diese Meditation barfuß ausgeführt wird. Wer das Gehen zur Meditation nutzen möchte, sollte bewusst und langsam gehen und die einzelnen Schritte mit dem Atem verbinden. Etwa, indem er einatmet, sobald ein Fuß den Boden berührt und bei der Bodenberührung des anderen Fußes ausatmet.

Wenn die Aufmerksamkeit abschweift

Während der Meditation geschieht es über kurz oder lang, dass die Achtsamkeit abschweift und sich Gedanken einschleichen, was aber ein völlig normaler Prozess ist. Jedoch ändert sich das Verhältnis zu den Gedanken. Denn der Meditierende lernt, seine Gedanken ziehen zu lassen, statt sich von ihnen wegreißen zu lassen. Er konzentriert sich weiter auf seinen Atem und irgendwann verschwinden die störenden Gedanken ganz von selbst. Es ist also auch nicht notwendig, diese Gedanken zu stoppen oder gar zu verjagen, weil der Atem den Anker des Meditierenden darstellt.

Anders als viele Menschen meinen, müssen die Meditationssitzungen übrigens auch nicht zu lang sein. Kurze Sitzungen empfehlen sich etwa insbesondere für Anfänger. Der Grund: Kurze Sitzungen, die regelmäßig durchgeführt werden, haben einen sehr viel positiveren Effekt auf den Geist als lange und unregelmäßige Sitzungen.

Ideal ist es beispielsweise, mit täglich zehn Minuten zu beginnen. Die Zeitspanne kann ja jederzeit ausgedehnt und an den eigenen Bedarf angepasst werden. Um die gewünschte Zeitspanne einzuhalten, empfiehlt es sich, einen Wecker zu stellen, was den ständigen Blick auf die Uhr überflüssig macht. Und auch die beste Zeit zum

Meditieren ist individuell unterschiedlich und sollte deshalb ausgetestet werden.

Was bewirkt Meditation in unserem Körper?

Meditation kann übrigens auch komplett ohne jedweden religiösen Hintergrund praktiziert werden. Denn auch dann hat sie wohltuende Auswirkungen auf den Körper und Geist. So wurde durch verschiedene Untersuchungen nachgewiesen, dass sich bei Menschen, die regelmäßig meditieren, die Nervenzellen sowie die Synapsen innerhalb des Gehirns verändern, was sich sowohl auf den Geist als auch auf den Körper positiv auswirkt. Das sind die wichtigsten Effekte:

- Wer meditiert, ist eher in der Lage dazu, innovative Problemlösungen zu finden. Der Grund: Durch die Meditation wird die Art und Weise des Denkens geändert, darüber hinaus verbessern Meditierende ihre Gedächtnis- und Lernleistung.

- Durch die Meditation verändert sich die Sichtweise auf eine schwierige Situation. Dadurch sinkt bei den Betroffenen auch das Stresslevel.

- Wer meditiert nimmt positive Emotionen besser wahr und steigert damit sein persönliches Glücksempfinden.

- Meditation steigert sowohl das Einfühlungsvermögen als auch die Selbsterkennung.

- Das eigene Schmerzempfinden wird durch die Meditation positiv beeinflusst, positiv hinzu kommt, dass das Immunsystem gestärkt wird.

Der Grund dafür besteht darin, dass sich das Gehirn des Menschen permanent verändert. Inwiefern wird durch das Denken des Menschen beeinflusst. Wer also ständig in negativen Gedanken festhängt, stärkt damit die entsprechenden neuralen Netzwerke im Gehirn. Dieser Effekt lässt sich aber auch ins Gegenteil verkehren: Wer sich darauf konzentriert, entspannter und ruhiger zu sein, stärkt ebenso die entsprechenden neuralen Netzwerke.

Meditation als Vorbeuge gegen Burnout

Burn-out darf in der modernen Welt inzwischen durchaus als wahre Volkskrankheit betrachtet werden. Bei dieser Problematik handelt es sich in den weitaus meisten Fällen um eine natürliche Reaktion der Psyche auf permanenten Stress und ständige Überlastung. Die Betroffenen fühlen sich stets überfordert, sind mit ihrer Leistung unzufrieden und fühlen sich emotional erschöpft. Allerdings ist eine Diagnose dieser Erkrankung relativ schwierig, da sie mit über 130 Symptomen einhergeht und diese in einem frühen Stadium des Burnout meist noch eher unauffällig sind. Besonders anfällig sind dabei Menschen in bestimmten Berufsgruppen, etwa wenn diese mit Menschen, die sich in emotional belastenden Situationen befinden, arbeiten.

Die gute Nachricht in diesem Zusammenhang aber lautet, dass es sehr wohl möglich ist, einem Burn-out mit regelmäßigen Meditationen vorzubeugen, weil diese dem Körper Entspannung und Ruhe bescheren. Die bereits genannten Veränderungen im Gehirn haben außerdem eine unterstützende Wirkung auf das körpereigene Stress-Management eines jeden Menschen.

Warum Stress krank macht

Stress entsteht dadurch, dass die Betroffenen aufgrund von Problemen im beruflichen oder im privaten Umfeld Druck aufbauen. Auch wenn es sich beim Stressempfinden grundsätzlich um eine gesunde Schutzfunktion handelt, die der Mensch im Laufe der Evolution entwickelt hat, so kann Stress extrem schädlich sein, wenn der Zustand über einen zu langen

Zeitraum hinweg anhält. Vielfach lässt sich dabei feststellen, dass die betroffenen Menschen in der Vergangenheit falsche Muster für Problemlösungs-Strategien entwickelt haben. Wichtig sind deshalb die bewusste Wahrnehmung der ersten Stress-Symptome und der richtige Umgang damit.

Denn die Gefahren für die Gesundheit sind nicht zu unterschätzen. So zählt die Weltgesundheitsorganisation Stress zu den größten Risiken für die Gesundheit im 21. Jahrhundert. Zum Alltag ist Stress in Deutschland sogar für die meisten Menschen geworden. So sagen etwa 57 Prozent aller Deutschen, dass sie manchmal oder häufig Stress empfinden. Als Gründe dafür nennen sie neben finanziellen Sorgen auch Probleme im Job oder in der Familie. Laut einer Studie der Techniker Krankenkasse zu diesem Thema stehen 20 Prozent aller Menschen in Deutschland sogar unter ständigem Druck. Dabei sind Frauen weitaus häufiger betroffen als Männer. Denn sie müssen nicht nur im Beruf ihre Leistung erbringen, sondern sind darüber hinaus auch durch den Haushalt und die Erziehung der Kinder noch zusätzlich belastet.

Wie entsteht Stress?

Gesund ist das Stressempfinden als körperliche Reaktion ausschließlich dann, wenn sich ein Mensch in Gefahr befindet und sein Leben retten muss. Der Hintergrund: Fühlt sich ein Mensch bedroht, setzt das einen Mechanismus in Gang, der den Menschen in einen Kampf- oder Fluchtmodus versetzt. Stress steigert also die Aufmerksamkeit und versetzt den Menschen in einer bedrohlichen Situation in die Lage, richtig zu reagieren. Typische körperliche Reaktionen sind eine Steigerung des Cortisol- und Adrenalinspiegels, eine Beschleunigung des Atems und eine Beschleunigung der Herzfrequenz inklusive eines Anstiegs des Blutdrucks.

Dadurch kann der Körper mehr Sauerstoff in die Muskulatur transportieren, was den Menschen zu einem raschen Handeln befähigt. Dieser Mechanismus war in der Vergangenheit nötig, um den Menschen vor Gefahren zu schützen, ist aber bei den heutigen Sorgen eher wenig hilfreich.

Was sind die größten Stressfaktoren?

Als größte Stressfaktoren betrachten die meisten Menschen in Deutschland laut der TK Krankenkassenstudie Arbeit, Schule oder Studium. Nahezu die Hälfte der Befragten nannte als weitere Stressfaktoren ihre eigenen Ansprüche, die zu hoch seien. Aber auch Konflikte mit dem Partner und im Freundes- und Bekanntenkreis tragen maßgeblich dazu bei, dass Stress entsteht. Belastend kann es aber auch sein, wenn eine nahestehende Person an einer Krankheit leidet oder wenn den Menschen finanzielle Sorgen plagen.

Und dieses Problem scheint immer größer zu werden. Denn allein in den Jahren von 2004 bis 2011 sind die Krankheitstage, die auf Burn-out zurückzuführen sind, um das 18fache angestiegen. Insgesamt sind deutschlandweit psychische Probleme sogar für jeden zweiten Tag der Arbeitsunfähigkeit verantwortlich.

Darum ist Stress schädlich für den Menschen

Steht der Mensch unter Stress, beeinträchtigt das seine normalen Körperfunktionen. Denn der Körper geht davon aus, dass sich der Mensch in unmittelbarer Gefahr befindet und verwendet alle verfügbaren Energien darauf, aus dieser zu entkommen. Dadurch werden Verdauungsprozesse gehemmt und das Immunsystem geschwächt. Kleine Dosen von Stress können sogar einen positiven Effekt haben, weil sie die Leistungsfähigkeit fördern. Regelmäßiger oder ständiger Stress schadet hingegen der Gesundheit und kann diverse Erkrankungen, etwa des Herz-Kreislaufapparates oder Magengeschwüre zur Folge haben.

Warum lässt sich Stress nicht abstellen?

Die weitaus meisten Menschen sind heute nicht mehr in der Lage dazu, ihren Stress auch wieder abzustellen. Sie können also auch in ihrer freien Zeit nicht mehr abschalten und Abstand gewinnen, das gelingt vielen nicht einmal mehr im Urlaub. Weil sie etwa von der beruflichen Belastung keinen Abstand mehr gewinnen können, wird der Stress rasch zu einer Dauerbelastung.

Aufmerksamkeits-Meditation für ein besseres Stress-Management

Wer regelmäßig ein Aufmerksamkeitstraining absolviert, trägt dazu bei, dass sich das Nervensystem unmittelbar beruhigt. Sowohl Atmung als auch Herzfrequenz verlangsamen sich dabei, was auch einen niedrigeren Blutdruck zur Folge hat. Hinzu kommt, dass ein im Entspannungsmodus befindlicher Körper eigene Ressourcen freisetzt, wodurch das Wohlbefinden gestärkt wird.

Meditation und Blutdruck

Nicht wenige Menschen in der westlichen Welt leiden unter Bluthochdruck, wobei es sich hier um eine Gefäßerkrankung handelt. In jedem Fall sollte ein zu hoher Blutdruck regelmäßig ärztlich kontrolliert werden und gegebenenfalls auch blutdrucksenkende Medikamente eingenommen werden. Bei Bluthochdruck muss es sich aber nicht zwangsläufig um ein dauerhaftes Problem handeln. Dieser kann auch auf Ängste oder eine zu stressige Lebensweise oder Übergewicht zurückzuführen sein. Ist Stress die Ursache für einen zu hohen Blutdruck, kann Meditation Abhilfe schaffen. Dies wurde auch durch eine Studie der American Heart Association bestätigt, welche die Transzendentale Meditation als wirksames Mittel empfiehlt.

Welche Meditationstechnik anwenden?

Grundsätzlich trägt jede Art von Meditation zur Entspannung bei. Bestens bewährt hat sich bei diesem Problem die passive Meditation, welche liegend oder zumindest aus einer bequemen Position heraus praktiziert wird. Anfänger müssen jedoch beachten, dass der Zeitfaktor bei dieser Meditationsform eine wichtige Rolle spielt. Denn gerade am Anfang dauert es oft länger, bis ein Zustand der Entspannung erreicht ist. Erste Erfolge zeigen sich bei einer zweimaligen Meditation pro Woche in aller Regel bereits nach einem Zeitraum von etwa drei Wochen, wird die Meditation täglich praktiziert, oft sogar schon nach vier bis sechs Wochen.

Ergänzend zur Meditation können die Betroffenen aber auch weitere Entspannungstechniken versuchen. Dazu gehören insbesondere Yoga sowie die Muskelentspannung nach Jacobsen.

Warum sinkt der Blutdruck durch Meditation?

Bei der Meditation erreichen die Betroffenen einen sehr tiefen Entspannungszustand. Dieser führt einerseits dazu, dass der Blutdruck sinkt, aktiviert andererseits aber auch die Selbstheilungskräfte des Körpers. Als langfristig positiver Effekt bewirkt die Meditation, dass der Mensch entspannter durch das Leben geht, was sich auch positiv auf den Blutdruck auswirkt.

Zwar lässt sich der Blutdruck auch mit Medikamenten senken. Jedoch sind diese nicht unbedingt günstig und haben zudem oft negative Nebenwirkungen. Auch das eigentliche Problem wird durch die Medikamente nicht behoben, weil lediglich die Symptome behandelt werden. Hier bietet die Transzendentale Meditation den großen Vorteil, dass diese Methode auch eine Langzeitwirkung hat.

Meditation und Migräne

Von Kopfschmerzen werden die meisten Menschen hin und wieder geplagt. Diese lassen sich üblicherweise mit einigen Kopfschmerztabletten auch sehr gut im Griff behalten. Etwa zehn Prozent aller Menschen leidet jedoch unter Migräne, einer besonders schlimmen Form von Kopfschmerzen. Migräne ist aber weit mehr als das. Denn hierbei handelt es sich um eine neurologische Erkrankung, welche für die Betroffenen eine erhebliche Einschränkung ihrer Lebensqualität bedeuten kann.

Zu den typischen Symptomen von Migräne gehört ein starker und pulsierender Schmerz, der sich meist nur auf einer Seite des Kopfes bemerkbar macht. Die Symptome verschlimmern sich sogar noch, wenn die Betroffenen sich bewegen oder Licht ausgesetzt sind.

In der Medizin unterscheidet man zwischen zwei Formen von Migräne: Jener mit und jener ohne Aura. Bei der Aura handelt es sich um neurologische Störungen, die auftreten, bevor sich der Schmerz überhaupt bemerkbar macht. Möglich sind beispielsweise Schwindelgefühle oder Sehstörungen, im schlimmsten Fall besteht sogar die Möglichkeit, dass der Körper kurzzeitig halbseitig gelähmt ist.

Zwar gilt Migräne als nicht heilbar. Jedoch ist es für die Betroffenen durchaus möglich, die Symptome und ihren Schweregrad zu verbessern, wenn sie ihren Lebensstil verändern. Vielfach verschwindet die Migräne dann sogar ganz.

Enorm wichtig dafür ist es jedoch, zu wissen, wodurch die Migräneattacken im individuellen Fall ausgelöst werden. Denn bei jedem Migränepatienten können andere Faktoren die Ursache dafür sein. Ausgelöst werden kann eine Migräneattacke unter anderem durch bestimmte Lebensmittel, etwa Schokolade. Eine Migräneattacke kann aber durchaus auch kommen, wenn sich der persönliche Schlafrhythmus ändert. Ebenso können Nahrungsmittelunverträglichkeiten wie beispielsweise eine Laktoseintoleranz dahinter stecken.

Behandelt wird Migräne in der Schulmedizin mit sogenannten Triptanen, also speziellen Schmerzmitteln. Diese haben jedoch unter Umständen starke Nebenwirkungen.

Wenn Stress hinter der Migräne steckt

Zu den möglichen Auslösern für Migräne gehört aber auch Stress, wie eine US-amerikanische Studie gezeigt hat. Die Studienleiter teilten die Teilnehmer dafür in zwei Gruppen ein: Während die eine Gruppe schulmedizinisch behandelt wurde, nahm die andere an einem MBSR (Mindfulness Based Stress Reduction)-Kurs teil. Dabei lernten sie, Stress mit Hilfe von Achtsamkeitsübungen zu reduzieren, was man auch unter dem Begriff Achtsamkeitsmeditation kennt. Dies ist eine Form der Meditation mit Yoga-Elementen, bei welcher der Geist voll und ganz auf das Jetzt und Hier fokussiert wird.

Die Studie hatte ergeben, dass Migräneattacken bei den Teilnehmern des Kurses weniger oft auftraten und auch nicht so lange dauerten. Darüber hinaus hatte auch die Stärke des empfundenen Schmerzes abgenommen. Das bedeutete für die Teilnehmer ein wesentliches Mehr an Lebensqualität, zudem hatten sie das Gefühl, selbst Einfluss auf die Migräne nehmen zu können.

Wer nicht weiß, wodurch in seinem Fall die Migräne ausgelöst wird, kann ein Schmerztagebuch hilfreich dabei sein, die Ursachen herauszufinden. Dann ist es auch problemlos möglich, den Lebensstil dahingehend anzupassen.

Meditation und Alzheimer

Alzheimer ist eine degenerative Erkrankung des Nervensystems, von welcher insbesondere ältere Menschen betroffen sind. In nahezu jedem Fall geht die Alzheimer-Krankheit mit zunehmender Demenz einher. Das heißt, die Patienten verlieren das Erinnerungsvermögen komplett und betrachten im fortgeschrittenen Stadium sogar engste Verwandte als Fremde. Mediziner gehen davon aus, dass die Alzheimer-Krankheit weltweit für etwa 60 Prozent aller Demenzerkrankungen verantwortlich ist.

Die Symptome der Alzheimer-Krankheit und ihre Häufigkeit

Bei Alzheimer-Patienten nimmt die kognitive Leistungsfähigkeit kontinuierlich ab, was im Verlauf der Krankheit bedeutet, dass sie irgendwann nicht einmal mehr die einfachsten Aufgaben des täglichen Lebens absolvieren können. Bemerkbar macht sich diese Krankheit schon lange bevor die ersten Symptome offensichtlich werden. Denn innerhalb des Gehirns bilden sich Ablagerungen aus organischen Verbindungen, was zu einer zunehmenden Einschränkung der Körperzellen führt.

Das Risiko, an Alzheimer zu erkranken, steigt mit zunehmendem Alter. So leiden etwa lediglich zwei Prozent der 65jährigen unter Alzheimer, während der Anteil der 75jährigen bereits bei sechs Prozent liegt. Weltweit leiden circa 46,8 Millionen Menschen an einer Demenzerkrankung, wobei die Ursache dafür bei etwa 65 Prozent in einer Alzheimer-Erkrankung liegt.

Ein besseres Erinnerungsvermögen dank Meditation

Bemerkt ein Mensch, dass sein Erinnerungsvermögen langsam aber sicher leidet, kann er dieser Entwicklung mit Musik und Meditation gegensteuern. Das gilt sogar, wenn sich bereits die ersten Erinnerungslücken zeigen. Insbesondere Risikogruppen für die Alzheimer-Krankheit sollten also rechtzeitig zu diesen vorbeugenden Maßnahmen greifen.

Ein erhöhtes Risiko, an Alzheimer zu erkranken, haben übergewichtige Menschen ebenso wie Raucher oder Menschen mit Bewegungsmangel oder solche, die unter ständigem Stress stehen. Zu den Risikogruppen zählen ferner Menschen, die jahrelang unter Depressionen gelitten haben, oder in deren Familie bereits Alzheimer aufgetreten ist.

Forscher an der West Virginia University in den USA nahmen Menschen, die bereits unter einem Gedächtnisverlust litten, unter die Lupe und stellten fest, dass sich ihr gesundheitlicher Zustand durch leichte Meditationen oder das Hören von Musik verbesserte. Alle 60 Studienteilnehmer litten bereits an jenen Symptomen, welche für das erste Stadium der Alzheimer-Krankheit typisch sind.

Etwa die Hälfte der Studienteilnehmer wurde in die Technik der Kirtan Kriya-Meditation eingewiesen, die im Yoga weit verbreitet ist. Diese Methode, bei welcher die Rezitation von Mantras mit bestimmten Fingerhaltungen kombiniert wird, soll die Betroffenen zu einem glücklichen und erfüllten Leben führen.

Wie bereits in mehreren Studien nachgewiesen wurde, hat auch das Hören von Musik positive Effekte auf das Gehirn. Durch angenehme Klänge lässt sich etwa die Bildung neuer Nervenzellen anregen und der Neurotransmitterspiegel positiv beeinflussen.

Hören die Betroffenen regelmäßig Musik, nimmt auch die Gehirnmasse in verschiedenen Arealen zu, welche einen Zusammenhang mit den kognitiven Fähigkeiten haben. Es soll sogar möglich sein, typische Gehirnschäden, die mit der Alzheimer-Krankheit einhergehen, zu heilen. Gleiches gilt für Entzündungen oder oxidativen Stress und andere Faktoren, welche einen Verfall der kognitiven Fähigkeiten zur Folge haben können.

Weitere positive Auswirkungen der Meditation auf die körperliche Gesundheit

Die körperliche Gesundheit lässt sich durch Meditation aber auch in anderen Bereichen massiv verbessern. So verbesserte sich der Schlaf bei zahlreichen Studienteilnehmern merklich und sie hatten deutlich bessere Laune, weil sie insgesamt viel ausgeglichener waren. Der Grund dafür besteht darin, dass Menschen, die meditieren, auch im Alltag sehr viel achtsamer sind, weshalb sie weniger stark gefährdet sind, in emotionalen Stress zu geraten. Der Geist wird tagsüber also weniger stark abgelenkt und ist nachts nicht damit beschäftigt, Probleme zu wälzen. Das führt dazu, dass die Betroffenen leichter einschlafen und einen qualitativ hochwertigeren Schlaf genießen.

Des Weiteren beeinflusst die Meditation auch, wie Schmerzen emotional verarbeitet werden. Denn während einer Meditation, sinkt die Aktivität in den

Schmerzarealen des Gehirns, wodurch Schmerzen weitaus weniger intensiv wahrgenommen werden.

Die Ursache für einen zu hohen Cholesterinspiegel sind nicht nur ungesunde Fette in der Nahrung. Denn auch Stress kann dafür verantwortlich sein, dass der Cholesterinspiegel steigt. Entspannungstechniken wie die Meditation können also einen wichtigen Beitrag leisten, um den Cholesterinspiegel zu senken. Idealerweise sollten die Entspannungstechniken mit einem gesünderen Lebensstil kombiniert werden. Der Grund: Dadurch lässt sich verschiedenen Herz-Kreislauferkrankungen und sogar Arteriosklerose vorbeugen.

Psychische Vorteile der Meditation

Ungleich größer sind die Vorteile, die Meditation für die Psyche des Menschen mitbringt. Aus diesem Grund werden Achtsamkeitsübungen und Meditation bei der Diagnose einer psychischen Erkrankung empfohlen. Diese sind relativ weit verbreitet, was aber an einer größeren Akzeptanz derartiger Probleme und auch einer besseren Diagnostizierbarkeit liegt. Dennoch bleibt die Diagnostik schwierig, weil sich die Symptome und Begleiterscheinungen vieler psychischer Erkrankungen überlagern. So ist beispielsweise ein übermäßiger Konsum von Suchtmitteln charakteristisch für Menschen, die an Depressionen, Angstzuständen oder ADHS leiden.

Schwierig ist die Diagnose in diesem Fall insofern, als allzu oft ein Suchtproblem diagnostiziert und behandelt wird, der eigentliche Kern des Problems aber außer Acht zu lassen. Ein typisches Beispiel sind vermeintliche Alkoholiker, die unter Depressionen leiden. Hier sollte sich eigentlich die Frage stellen: Trinken die Betroffenen, weil sie sich schlecht fühlen und die negativen Emotionen vertreiben wollen oder trinken sie, weil sie sich schlecht fühlen?

Sobald zumindest eine Verdachtsdiagnose durch einen Facharzt gestellt wurde, wird in aller Regel eine Psychotherapie, gegebenenfalls mit medikamentöser Unterstützung, empfohlen. Jedoch brauchen die Betroffenen in den meisten Fällen mehrere Anläufe, bis sich ihr Zustand tatsächlich bessert. So gibt es etwa bei Antidepressiva verschiedene Präparate, die auf jeden einzelnen Betroffenen eine unterschiedliche Wirkung haben. Und auch die richtige Therapie zu finden, ist unter Umständen schwierig, da es eine Vielzahl unterschiedlicher Therapien gibt, wobei sich nicht jede gleichermaßen gut für jeden Betroffenen eignet. Erschwerend hinzu kommt hier, dass viele Therapieformen wie beispielsweise NLP oder Hypnosetherapie nicht von den Krankenkassen bezahlt werden, obwohl deren Wirksamkeit mittlerweile auch wissenschaftlich nachgewiesen wird.

Grundsätzlich zielt aber jede Therapie darauf ab, dass die Betroffenen besser mit ihrer Krankheit und den damit einher gehenden Symptomen umgehen können. Aus diesem Grund empfiehlt sich auch der Einsatz von Achtsamkeitsübungen und Meditationen als Ergänzung, weil beides zu einem besseren Umgang mit sich und seinem Körper führt.

Meditation bei einer psychischen Erkrankung

Hilfreich ist die Meditation bei psychischen Erkrankungen insofern, als die Achtsamkeit dadurch sehr viel bewusster praktiziert werden kann. Schließlich geht es hierbei darum, den Augenblick bewusst wahrzunehmen, ohne diesen zu bewerten oder zu beurteilen. Die Betroffenen können sich folglich von ihren Problemen und Emotionen lösen und richten den Fokus stattdessen auf ihren aktuellen Daseinszustand. Die Folge: Die Gegenwart rückt stärker in den Vordergrund, während Vergangenheit und Zukunft, die bei psychischen Problemen oft eine große Rolle spielen, nichtig werden.

Ferner soll die Achtsamkeit dabei helfen, die innere Widerstandsfähigkeit zu stärken, wodurch Krisen schneller und effektiver gelöst werden. Das geschieht ganz automatisch, weil Menschen, die regelmäßig meditieren und Achtsamkeit praktizieren, in stressigen Situationen gelassener bleiben.

Meditation und Therapie

Sehr oft wird bei psychischen Problemen die kognitive Verhaltenstherapie angewendet, die sich bei diversen Krankheitsbildern bewährt hat. Im Vordergrund steht hierbei die Frage, welche Verhaltensweisen ein Mensch im Laufe seines Lebens entwickelt hat, die nun einen negativen Einfluss haben. Meditation kann hier insofern unterstützend wirken, als die Meditierenden lernen, in sich selbst hineinzuhören und dabei auch ihre Verhaltensweisen zu hinterfragen, wodurch sie Achtsamkeit auch im ganz normalen Alltag praktizieren. Im Lauf der Zeit automatisiert sich dieser Prozess sogar und es gelingt, in jeder beliebigen Situation zu meditieren.

Meditation und Klarheit

Jeder Mensch sehnt sich im Grunde nach Klarheit in seinem Leben. Klarheit über sich selbst, seine Richtung, die zwischenmenschlichen Beziehungen und die Emotionen. Echte Klarheit kommt allerdings aus dem eigenen Innern und lässt sich nur wahrnehmen, wenn der Mensch zur Ruhe kommt. Und genau das erreicht er mit Hilfe von Meditation. Denn der Meditierende schafft sich selbst ganz bewusst einen Raum und eine Zeit, in welcher er Grenzen auflöst und zu seiner kreativen Inspiration vordringen kann. Meditierende stellen somit auch einen Bezug zu ihren Körper her und sie können besser verstehen, was in ihnen gerade vorgeht und passiert.

Meditation für mehr Fokus

Die Zahl der Menschen, die unter innerer Unruhe oder gar ernsten Krankheiten wie Burn-out oder Depressionen leiden, steigt in der modernen Welt kontinuierlich an. Die betroffenen Menschen schaffen es irgendwann nicht einmal mehr das innere Gedankenkarussell, welches sich ausschließlich um ihre Probleme dreht, anzuhalten.

Innere Ruhe ist für sie ein Fremdwort und sie können mit diesem Begriff nichts anfangen, weil sie den entsprechenden Zustand nicht kennen. Durch regelmäßige Meditationen finden die Menschen jedoch einen Weg, um inneren Frieden und ihre eigene Mitte zu finden, ganz unabhängig von den Geschehnissen in der Außenwelt.

Zudem ist es erwiesen, dass einige Meditationsformen die Selbstwahrnehmung verbessern und dem Meditierenden zu einem besseren Verständnis von sich selbst zu verhelfen. Darauf zielt etwa die Meditation der Selbsterforschung ab. Die Meditierenden lernen dabei nicht nur sich selbst besser kennen, sondern erfahren auch, warum sie sich den Menschen in ihrem Umfeld wie verhalten. Andere Meditationsformen wiederum lassen den Meditierenden selbstzerstörerische oder schädliche Gedanken besser zu erkennen. Der Meditierende gewinnt also ein größeres Bewusstsein für seine Denkgewohnheiten und kann diese folglich auch leichter in konstruktive Bahnen lenken.

Die Meditation mit einer fokussierten Aufmerksamkeitsspanne ist gewissermaßen ein Fitnesstraining für die Aufmerksamkeitsspanne eines Menschen. Wer regelmäßig meditiert, kann sich also besser und länger auf seine Aufgaben konzentrieren und stärkt darüber hinaus auch sein Erinnerungsvermögen. Und das gilt übrigens auch für Anfänger: Eine verbesserte Aufmerksamkeitsspanne lässt sich schon nach vier Tagen regelmäßiger Meditation erreichen.

Meditation und Konzentration

Kommt das Gehirn eines Menschen zur Ruhe, ist es völlig normal, dass die Gedanken abschweifen und die Menschen Tagträumen nachhängen. Sie bleiben also nicht mehr konzentriert bei der Sache. Dem lässt sich jedoch durch regelmäßige Meditationen entgegenwirken, weil diese die Konzentration fördern.

Das Gehirn: ein unermüdlicher Arbeiter

Das menschliche Gehirn arbeitet rund um die Uhr ununterbrochen, nur eben auf unterschiedliche Art und Weise. Hat jemand gerade einmal nichts zu tun und muss sich nicht konzentrieren, schweifen auch die Gedanken völlig frei herum und es tauchen mitunter die seltsamsten Assoziationen auf. In Phasen wie diesen schaltet das Gehirn auf einen Ruhezustand um, der auch als Bewusstseinsnetzwerk bekannt ist. Dieser Modus lässt sich jedoch durch Meditation beeinflussen. Wer regelmäßig meditiert, kann sogar bewirken, dass sich in diesem Netzwerk die Verknüpfungen und die Aktivität der Nervenzellen verändern, wodurch er sich besser konzentrieren kann.

Marcus Raichle hat diesen Mechanismus an der Washington University in St. Louis entdeckt, indem er die Aktivierung verschiedener Areale des Gehirns mittels funktioneller Magnetresonanztomografie verfolgt hat. Hatten die Studienteilnehmer gerade einmal nichts zu tun und glitten in Tagträume ab, stellte er fest, dass im Scanner nun ein völlig anderes Netzwerk sichtbar wurde.

Ein wichtiger Teil dieses Netzwerkes ist beispielsweise der mediale präfrontale Cortex. In diesem Bereich des Gehirns werden Ereignisse als negativ, positiv oder neutral eingeordnet. Dieser Bereich des Gehirns hängt eng mit dem Hippocampus zusammen, der bezüglich des autobiographischen Gedächtnisses eine wichtige Rolle spielt. Marcus Raichle kam letztlich zu dem Schluss, dass das Ruhezustand-Netzwerk immer dann aktiviert wird, wenn ein Mensch mit sich selbst beschäftigt ist.

Tagträume – wie wichtig sind sie?

Zu den typischen „Innen-Beschäftigungen" zählt beispielsweise das Tagträumen, das sowohl positive als auch negative Effekte haben kann. Ungemein wichtig ist das Tagträumen etwa, wenn es um die Kreativität eines Menschen geht. Kontraproduktiv sind Tagträume hingegen, wenn sich der Mensch eigentlich voll und ganz auf eine Aufgabe konzentrieren soll.

In der Forschung werden die Tagträume deshalb auch eher skeptisch betrachtet, beispielsweise in Zusammenhang mit einem Aufmerksamkeitsdefizit oder Depressionen. Denn in diesem Fall besteht die Gefahr, dass sich die Betroffenen in der Mühle der Selbstreflexion landen und sich die Gedanken ausschließlich um das eigene Ich oder das persönliche Befinden drehen. Wie Marcus Raichels herausgefunden hat, sind Menschen, die unter Depressionen leiden, nicht in der Lage dazu, ihr Ruhezustand-Netzwerk herunter zu regulieren. Die Tagträumerei ist also eher hinderlich, wenn es darum geht, im Hier und Jetzt zu leben.

Tagträumerei mit Meditation einschränken

Wer oft und regelmäßig meditiert, schafft es hingegen sehr gut, ausschließlich im Hier und Jetzt zu leben. Denn sie schaffen es, jene Gehirnareale, die im Ruhezustand-Modus besonders aktiv sind, zu hemmen. Es gelingt ihnen also, einen Zustand zu erreichen, in welchem die Gedanken nicht so oft ziellos hin und her wandern. Und auch so manche psychische Erkrankung ist mit einer funktionellen Störung im Ruhezustand-Netzwerk verbunden. Sind die entsprechenden Hirnareale besonders aktiv, kann dies etwa auf Krankheiten wie Alzheimer, Angststörungen oder ADHS hinweisen.

Der Unterschied zwischen Meditation und Konzentration

Nicht wenige Menschen sind der Meinung, dass es sich bei Meditation um einen Zustand handelt, in welchem sich der Meditierende voll und ganz auf etwas Bestimmtes konzentriert. Dem ist jedoch bei Weitem nicht so. Denn bei Meditation und Konzentration handelt es sich um zwei völlig verschiedene Bewusstseinszustände.

Konzentriert zu sein bedeutet, dass sich das Bewusstsein komplett auf ein Objekt oder einen Punkt fokussiert. Im Zustand der Meditation gibt es dagegen keinerlei Bewegung im Bewusstsein, obgleich zahlreiche Meditationstechniken auf Konzentration basieren. Denn dies bringt einige Vorteile mit sich: Wer auf Konzentration basierende Meditationstechniken praktiziert, spürt die Vorteile der besseren Konzentrationsfähigkeit auch in seinem Alltag rasch und erledigt alles effizienter. Ferner ist über die Konzentration der meditative Zustand einfacher zu erreichen – und das in nahezu allen Situationen.

Meditation und Kreativität

Kreative Menschen betrachten die Welt aus einer etwas anderen Perspektive und spinnen mit Begeisterung neue Ideen. Allerdings kann es in einer Phase der Kreativität durchaus sein, dass der Gedankenfluss stockt und beim besten Willen keine Inspiration kommen will. In diesem Fall kann Meditation dabei helfen, wieder zurück in den Flow zu kommen.

Entspannt in den Prozess der Kreativität einsteigen

Anfangs sind kreative Menschen einfach nur dazu motiviert, dass sie etwas Neues schaffen wollen, eine Aufgabe auf eine etwas andere Art zu lösen oder eine besondere Herausforderung anzugehen. Große Aufgaben erzeugen jedoch schnell Druck bei den Betroffenen, sodass sie in Stress geraten. Das wiederum ist für die Kreativität nicht gerade förderlich.

Dieser Druck lässt sich jedoch mit einer Meditation hervorragend abbauen. Denn tiefes Atmen sorgt dafür, dass der Körper entspannt. Darüber hinaus wird auch das Tor zu neuen Gedankenwelten geöffnet. Die alten Denkmuster lösen sich und machen Platz für neue Ideen, was das Lösen schwieriger Probleme ungemein erleichtert.

Keinesfalls sollte die Meditation dabei zur Flucht vor dem Problem genutzt werden. Denn wer sich nur ein paar Minuten lang ablenkt und anschließend wieder vor der selben Aufgabe steht, kommt definitiv keinen Schritt weiter. Besser ist es, das Problem komplett loszulassen, etwa durch eine bewusste Entspannung. Dadurch wird es möglich, ein Problem intuitiv anzugehen, ohne ein bestimmtes Ziel vor Augen zu haben.

Kreativität mit Hilfe von Meditation steigern

Wer seine Kreativität mit Hilfe einer Meditation steigern möchte, kann dies auf ganz einfache Weise erreichen. Zunächst sollte sich derjenige an einen Ort zurückziehen, an welchem er sich wohlfühlt und wo er ungestört ist. Dort nimmt er eine bequeme Sitzposition ein und fängt an, tief zu atmen. Er folgt den Atemzügen von der Nase aus bis in den Bauch und fängt an zu lauschen. Hört er die Stille, ist das genau jene Stille, aus der sich die Kreativität speist.

Diese Stille scheint für Menschen, die innerlich aufgewühlt sind, jedoch sehr weit entfernt zu sein. Hilfreich kann in diesem Fall ein Mantra sein. Der Meditierende sollte also ein Wort, welches mit positiven Assoziationen belegt ist und welches ihm viel bedeutet, immer und immer wiederholen. Schließlich sollte die Meditation im Alltag verankert werden. Denn diese Art der Entspannung ist überall dort möglich, wo sich die Augen kurz schließen lassen. Die Meditationstechnik sollte dabei so oft eingeübt werden, bis sie sich auch unterwegs jederzeit problemlos einsetzen lässt

Meditation und Achtsamkeit

Die Begriffe Meditation und Achtsamkeit werden gemeinhin gern gleichgesetzt, jedoch gibt es sehr wohl einige Unterschiede. So handelt es sich bei Achtsamkeit um einen Bewusstseinszustand passiver Geistesgegenwart. Der Mensch ist also hellwach und erfährt unmittelbar den jeweils aktuellen Zustand seines Gemüts, seines Körpers und seiner direkten Umwelt, ohne sich von Gedanken, Emotionen, Phantasien oder Erinnerungen ablenken zu lassen. Wer achtsam ist, richtet seine Aufmerksamkeit also voll und ganz auf das Hier und jetzt, ohne zu werten oder sich ein Urteil zu bilden.

Meditation hingegen ist ein Zustand, der den Menschen zu seiner inneren Mitte führt. Wer meditiert, kann lernen, etwas zu fokussieren, sein Gehirn zur Ruhe zu bringen oder auftauchende Emotionen und Gedanken wahrzunehmen. In einem Zusammenhang stehen Achtsamkeit und Meditation insofern, als erstere notwendig ist, um zu meditieren. Umgekehrt gilt das jedoch nicht.

Wie sich Achtsamkeit und Meditation erfahren lassen

Die positive Wirkung der Meditation entfaltet sich dann voll und ganz, wenn es dem Meditierenden gelingt, in seinem Inneren tiefen Frieden zu finden. Die Praxis der Meditation greift erst so richtig, wenn der Meditierende jenen Platz in sich entdeckt, an welchem alles gut ist. Das Ziel der Meditation besteht also darin, an diesen Punkt zu gelangen und die eigene innere Ordnung zu erfahren und schließlich zu verinnerlichen.

Meditation und Glück empfinden

Die Meditation eignet sich bestens dafür, um den Meditierenden zu seinem Glück zu führen. Denn wer meditiert, ist ganz bei sich selbst und wird sich auch des eigenen Bewusstseins bewusst. Er ist konzentriert und aufmerksam und spürt negative Empfindungen wie Stress, Angst oder Anspannung weniger stark. Und genau diese Faktoren gelten auch als glücksfördernd.

Warum jeder Mensch auf der Suche nach Glück ist

Alten Überlieferungen zufolge liegt der Ursprung des menschlichen Bewusstseins in vollständigem Wissen und purem Glück. Menschen sind also stets auf der Suche nach Erkenntnis und Glück, weil sie eigentlich nur nach Hause zu sich selbst wollen. Dieser reine und bedingungslose Zustand lässt sich jedoch nicht erreichen, wenn sich der Geist nach außen hin wendet. Wer seinen Geist hingegen nach innen wendet, kann das instinktive Streben nach Glück dazu nutzen, um den Geist von sich aus in diese Richtung gehen zu lassen.

Zwar unterscheiden sich die subjektiven Erfahrungen der Meditierenden von Mensch zu Mensch und von Meditation zu Meditation. Jedoch kommt es während einer Meditation zu Veränderungen im Gehirn, die sich auch anhand objektiver Kriterien nachweisen lassen. Dazu gehört beispielsweise ein signifikanter Anstieg des Serotoninspiegels, welches auch als Glückshormon bezeichnet wird. Im Gegenzug sinkt gleichermaßen der Spiegel des Plasma-Lactats und des Stresshormons Cortisol.

Die Stresshormone vermindern sich umso mehr, je öfter die Meditation praktiziert wird. Darüber hinaus bleibt der Serotoninspiegel dauerhaft auf einem hohen Niveau, selbst wenn die Betroffenen gerade nicht meditieren.

Sind Stresshormone gut oder schlecht für den Menschen?

Innerhalb des menschlichen Körpers haben Stresshormone eine Funktion, die Leben retten kann. Denn befindet sich ein Mensch in Gefahr, versetzen diese Hormone den Menschen in die Lage, blitzschnell zu reagieren und instinktiv die richtigen Entscheidungen zu treffen. Steht ein Mensch jedoch chronisch unter Stress und muss jene Reaktionen unterdrücken, die in der Situation angemessen wären, schaden diese Hormone dem Körper dagegen. Ist das Level an Stresshormonen ständig auf einem hohen Level, richtet das Schäden am Nervensystem an, löst menschliches Fehlverhalten aus und kann im schlimmsten Fall sogar krank machen. Nachgewiesen ist unter anderem ein Zusammenhang zwischen Stress, Adipositas, Bluthochdruck und Diabetes Typ 2.

Das Glückshormon Serotonin ist für die Regulierung zahlreicher Gehirnfunktionen verantwortlich. Beispielsweise kann ein zu niedriger Serotoninspiegel zu einer Vielzahl an gesundheitlichen Problemen wie Depressionen, Migräne, Wutanfällen, Angstgefühlen, Schlafstörungen, Zwangshandlungen, Gedächtnisproblemen, und Suchtverhalten führen. Ist der Serotoninspiegel zu niedrig, können zwar Medikamente eingesetzt werden, welche jedoch lediglich die Symptome lindern, nicht jedoch die Ursache, wozu insbesondere auch Stress gehört.

Meditation und Selbsterkenntnis

Im Volksmund wird gern gesagt „Selbsterkenntnis sei der erste Schritt auf dem Weg zur Besserung, allerdings ist dieser Schritt in vielen Fällen alles andere als angenehm. Selbsterkenntnis kann in so manchem Fall ein sehr langer und teilweise auch schmerzhafter Prozess sein. Schließlich muss dafür das Selbstbild mit dem Fremdbild, welches andere Menschen von einem haben, abgeglichen werden. Jedoch ist Selbsterkenntnis eine Grundvoraussetzung für die persönliche Weiterentwicklung eines Menschen.

Selbsterkenntnis – was ist das?

Definiert wird die Selbsterkenntnis als Erkenntnis eines Menschen über sein eigenes selbst. Damit ein Mensch überhaupt zu dieser Erkenntnis kommen kann, ist es jedoch notwendig, dass er sich möglichst objektiv mit seinem Denken und Handeln auseinandersetzt. Dazu gehört es auch, sich selbstkritisch zu hinterfragen und auch zu analysieren, warum der Mensch in welchen Situationen wie denkt und handelt. Hierbei handelt es sich also um einen Prozess, bei welchem die eigenen Standpunkte sowie Handlungen ehrlich auf den Prüfstand gestellt werden. Selbsterkenntnis steht also in einem engen Zusammenhang mit der Selbstreflexion und gilt zugleich als probates Mittel, um Selbstbetrug und Selbsttäuschung vorzubeugen.

Menschen, die nur eine geringe Selbsterkenntnis haben, neigen darüber hinaus dazu, sich selbst zu über- oder unterschätzen, wobei Letzteres mit einem geringen Selbstwertgefühl einher geht. Deshalb ist die Fähigkeit zur Selbsterkenntnis eine wichtige Voraussetzung dafür, sich selbst entwickeln zu können. Aber auch für die

Fähigkeit eine Beziehung zu führen, empathisch zu reagieren und ein funktionierendes Sozialleben zu haben.

Warum ist die Selbsterkenntnis so schwierig?

Ein Urteil über andere Menschen, was ihre Persönlichkeit sowie deren Stärken und Schwächen angeht, fällt den meisten Menschen ziemlich leicht. Die Selbsterkenntnis hingegen fällt oft äußerst schwer, wofür es aber auch Gründe gibt:

- So mancher hat Angst davor, enttäuscht zu werden. Denn der Betreffende sieht die Dinge nun klar und ungeschminkt, so wie sie sind. Im Grunde wird der Betreffende zwar von einer Enttäuschung befreit, was sich aber nicht immer gut anfühlen muss. Denn so mancher stellt dabei fest, dass er doch nicht so intelligent oder sympathisch ist, wie er vielleicht gedacht hat. Kommt nun die Realität zum Vorschein, muss diese entweder akzeptiert werden oder eine Veränderung anstoßen.

- Ein weiterer Grund, warum die Selbsterkenntnis so schwer fällt, ist die Tatsache, dass derjenige anderen nichts mehr vormachen kann. Zwar kommt dadurch die eigene Persönlichkeit zum Vorschein, jedoch stellen die Mitmenschen unterschiedliche Erwartungen an diese. Wer weiß, wer er selbst ist, eckt in seinem Umfeld nahezu zwangsläufig an und erlebt sowohl Freundschaften als auch Ablehnungen wesentlich intensiver.

- Menschen auf dem Weg zur Selbsterkenntnis beschäftigen sich zwangsläufig mit ihrer eigenen Vergangenheit und mit der Frage, warum sie so geworden sind, wie sie sind. Dabei kommen Fehler, die sie begangen haben wie etwa gestörte Beziehungen ans Tageslicht. Diese Dinge wurden vielleicht ganz erfolgreich verdrängt, müssen nun aber konstruktiv verarbeitet werden.

Was spricht für ein höheres Maß an Selbsterkenntnis?

Auch wenn so mancher aus verschiedenen Gründen zurückschrecken mag, weil er bisher in seinem Leben ja auch so hervorragend zurechtkam, gibt es sehr gute Gründe für Selbsterkenntnis. So hilft diese etwa dabei, mit der persönlichen Vergangenheit abzuschließen und wieder Zukunftspläne zu schmieden. Wer sich und seine eigenen Schwächen gut kennt, kann darüber hinaus auch leichter damit umgehen, wenn er einmal einen Rückschlag einstecken muss oder für etwas kritisiert wird. Des Weiteren schöpft er aus seinem Tun auch ein größeres Maß an Motivation, weil er seine eigentlichen Ziele kennt.

Der Weg zu mehr Selbsterkenntnis

Zunächst einmal ist es wichtig, sich ausreichend Zeit dafür zu nehmen, um sich mit sich selbst zu beschäftigen. Das gelingt am besten bei einer Meditation, die den zusätzlichen Vorteil mit sich bringt, dass der persönlich empfundene Stresslevel erheblich reduziert wird. Auch wenn die Antworten nicht immer bequem sind, ist es äußerst wichtig, ehrlich zu sich selbst zu sein.

Hilfreich kann es sein, die Erkenntnisse aus der Selbstbeobachtung niederzuschreiben. Alternativ könnten sich die Betroffenen aber auch vorstellen, mit jemandem zu telefonieren, den sie sich beschreiben müssten. Derjenige setzt sich dann nämlich sehr intensiv mit sich selbst auseinander und denkt über sich nach.

Das Verhalten des Menschen wird sehr stark von Gedanken, Meinungen und Werten geprägt, was diese unbewussten Glaubenssätze aber auch gefährlich macht. Denn sie können sich im schlimmsten Fall zu einer sich selbst erfüllenden Prophezeiung entwickeln.

Meditation und innere Ruhe

Das Leben des modernen Menschen ist in erster Linie geprägt von Stress und Hektik und sie schaffen es nicht mehr, innerlich zur Ruhe zu kommen. Das ist jedoch nicht ganz ungefährlich, weil dies langfristig zu Unausgeglichenheit und Nervosität führt. Das innere Gleichgewicht kann also dauerhaft gestört sein. Das zeigt sich an weiteren Symptomen wie Schlafstörungen oder Reizbarkeit.

Wieder zur inneren Ruhe zu finden ist allerdings gar nicht so schwer wie gedacht. Ein wichtiger Schritt auf dem Weg zu mehr innerer Ruhe besteht etwa darin, sich erfolgreich zu entspannen. Zeit zu handeln wird es spätestens dann, wenn jemand Symptome wie Rastlosigkeit, Muskelverspannungen oder Rückenschmerzen verspürt. Folgende Tipps können den Betroffenen helfen, gelassener zu werden und mehr innere Ruhe zu verspüren:

- Äußerst wichtig sind kleine Auszeiten im Alltag, während jener die Betroffenen ausschließlich das machen, was ihnen Spaß macht.

- Entspannung lässt sich mit Hilfe verschiedener Techniken lernen. Dazu gehören neben der Meditation auch die progressive Muskelentspannung nach Jacobsen, Yoga oder Tai Chi.
- Um die Qualität des Schlafes zu steigern, haben sich diverse Rituale vor dem Schlafengehen bewährt. Das kann beispielsweise ein entspannendes Bad oder eine warme Dusche sein. Wichtig ist in jedem Fall, dass jegliche Art von Stress ausgeblendet wird.

- Bewusstes Atmen mit Hilfe von Atemübungen oder Atemtechniken helfen dabei, dass sich der Mensch auf sich selbst konzentrieren kann.

- Auch die Entspannung bei passender Musik oder mit Hilfe der Aromatherapie beschert den Praktizierenden ein Mehr an innerer Ruhe.

Meditation und Gelassenheit

Ein wichtiger Schlüssel zum persönlichen Glück besteht darin, gelassener durch das Leben zu gehen, was sich durchaus lernen lässt und bei Meditierenden ganz automatisch einsetzt. Denn die Gelassenheit hilft den Betroffenen dabei, jene Dinge, die sie nicht ändern können, hinzunehmen und stattdessen selbst aktiv daran zu gehen, das Leben positiv zu beeinflussen. Ein gelassener Mensch löst sich also von äußeren Einflüssen und ist er selbst.

Gelassenheit – was bedeutet das?

Gelassenheit bezeichnet einen emotionalen Zustand der inneren Ruhe, welche im Gegensatz zu Stress oder Nervosität steht. Dieser Zustand hilft dabei, emotional ausgeglichen zu bleiben, auch wenn der Betroffene gerade eine schwierige Situation meistern muss. Denn wer gelassen bleibt, reagiert nicht überstürzt und greift auch andere Menschen nicht an.

Stattdessen hört er diesen zu und sucht nach einer guten Lösung, mit der alle Beteiligten zufrieden sind. Und nicht zuletzt gelingt es gelassenen Menschen, auch in jeder Situation positive Aspekte zu finden. Sie können also Krisen annehmen und aus ihren Fehlern lernen. Das wiederum ermöglicht es ihnen, ihre Fähigkeiten voll und ganz zu entfalten und ihre Kreativität auszuleben.

Weil äußere Einflüsse keine Macht mehr haben, gehen gelassene Menschen auch besser mit Stress um und haushalten mit ihren Kräften vernünftig. Und nicht zuletzt dürfte sich ein Mehr an Gelassenheit auch positiv auf das persönliche Umfeld auswirken, weil gelassene

Menschen keinen Drang dazu haben, impulsiv zu reagieren.

Gelassenheit und die Gesundheit

Mehr Gelassenheit macht den Menschen also emotional stabiler. Darüber hinaus verbessert Gelassenheit aber auch die körperliche Gesundheit. Der Grund dafür liegt darin, dass weniger Stresshormone ausgeschüttet werden, wodurch auch das Immunsystem weniger stark gestört wird. Das ist auch der Grund dafür, warum die Lebenserwartung von gelassenen Menschen tendenziell höher liegt.

Wie sich Gelassenheit erlernen lässt

Wie ein Mensch auf Stress reagiert, lernt er in aller Regel während der Kindheit, weil Kinder das Verhalten ihrer Eltern imitieren. Das gilt eben auch für negative Emotionen wie Traurigkeit oder Wut. Selbst Kinder können also schon davon profitieren, wenn sie Gelassenheit aktiv erlernen und regelmäßig üben. Dadurch haben sie das Gefühl, dass es ihnen sehr wohl möglich ist, sich selbst und ihre Umwelt aktiv zu steuern.

Dazu müssen die Eltern ihren Kindern aber auch erlauben, zumindest bis zu einem gewissen Grad selbstständige Entscheidungen zu treffen. Erwachsene müssen dann wissen, in welchen Situationen sie impulsiv reagieren und warum. Denn hierbei handelt es sich um automatisierte Reaktionen, die sich im Lauf der Zeit zu festen Gewohnheiten manifestieren und kaum noch wahrgenommen werden. Erschwerend hinzu kommt, dass viele Menschen auch den Glauben daran verloren haben, dass sie diese Reaktionen steuern können.

Deshalb spielen sowohl der Zeitfaktor als auch der persönliche Einsatz eine wichtige Rolle für das Erlernen von Gelassenheit. Die Entscheidung zum entsprechenden Training muss bewusst gewählt werden. Bringt jemand die entsprechende Geduld mit, fällt es ihm also immer leichter, den Herausforderungen des Lebens gelassen zu begegnen.

Gelassenheit hat jedoch mehrere Facetten: Zum einen handelt es sich um die Ruhe eines ausgeglichenen Menschen, die auch von außen her wahrnehmbar ist. Ein gelassener Mensch lässt sich daran erkennen, dass er flexibel ist, sich Veränderungen leicht anpassen und sehr gut mit Stress umgehen kann.

Nach außen hin sichtbar wird Gelassenheit auch durch diverse körperliche Anzeichen. Dazu gehören eine tiefe Atmung, ein ruhiger Puls und ein guter Schlaf. Ferner verspüren gelassene Menschen nur wenig Schmerzen und leiden nicht unter Verspannungen.

Gelassene Menschen zeichnen sich außerdem dadurch aus, dass sie sich ihrer Gefühle bewusst sind. Sie besitzen ein gutes Gefühl bezüglich ihres Selbstwertes und ihrer Selbstwirksamkeit und ihre Fehlertoleranz ist groß. Darüber hinaus sind sie optimistisch und zuversichtlich und leiden kaum unter Ängsten.

Durch Meditation gelassener werden

Je öfter ein Mensch bewusst den Zustand von innerer Ruhe erreicht, umso einfacher fällt es ihm auch, gelassen zu bleiben, wenn er in einer stressigen Situation steckt. Trainieren lässt sich die innere Ruhe am besten durch Achtsamkeit und Meditation. So manche Meditierenden sprechen sogar davon, dass sie während der Meditation einen bewusstseinserweiternden Effekt erleben.

Weitere Vorteile der Meditation

Jede der verschiedenen Meditationstechniken hat eine individuell ganz andere Wirkung auf den Meditierenden. Wer durch Meditation ein bestimmtes Ziel erreichen möchte, sollte also unterschiedliche Meditationstechniken ausprobieren, um für sich die beste Lösung zu finden. Ein großer Vorteil besteht darin, dass sich Meditation nicht nur für Menschen eignen, die ohnehin einen besonderen Draht zur Esoterik haben. Denn der innere Frieden durch Meditation lässt sich bei einer Vielzahl von Problemen wieder finden.

In welchem Zusammenhang die Meditation mit der Psyche des Menschen steht, wurde unter anderem von Forschern an der Universität Wisconsin untersucht, indem sie die Gehirnströme von tibetanischen Mönchen maßen. Menschen in der westlichen Welt ist es zwar in den seltensten Fällen möglich, so tief zu meditieren, wie die Mönche aus dem fernen Osten. Jedoch kann es jeder schaffen, den Einfluss von negativen Gefühlen und Stress merklich zu vermindern. Denn der Meditierende ruht ganz in sich selbst und blendet die Außenwelt komplett aus. Er schöpft also Kraft aus sich selbst und hat im Zustand der Meditation nicht selten den einen oder anderen Geistesblitz.

Verschiedene Meditationstechniken

Der große Unterschied zwischen den verschiedenen Meditationstechniken besteht in der Tradition ihrer religiösen Herkunft. Innerhalb der verschiedenen Religionen gibt es nämlich auch verschiedene Schulen und manchmal wendet sogar ein einzelner Lehrer andere Techniken als die in seiner Schule üblichen an. Welche Techniken dort gelehrt werden, kann aber auch vom Fortschritt der Schüler abhängig sein. In der westlichen Welt sind nicht nur traditionelle Meditationstechniken verbreitet, sondern auch Techniken, welche von Lehren aus dem fernen Osten inspiriert und angepasst wurden. Ausgeübt werden kann die Meditation übrigens auch ohne jeden religiösen Hintergrund.

Bei den Techniken handelt es sich um Hilfsmittel, um einen Bewusstseinszustand zu erreichen, der sich vom Alltagsbewusstsein dahingehend unterscheidet, als sich der Meditierende von gewohnten Denkmustern und Bewertungen löst und die Gegenwart für ihn völlig im Vordergrund steht. Grundsätzlich lassen sich die verschiedenen Meditationstechniken in zwei Kategorien einteilen. Nämlich in die körperlich passive Meditation, welche still im Sitzen praktiziert wird, und die aktive Meditation, bei der Bewegungen ein Element der Meditation sind.

Die passive Meditation

Bei Techniken der passiven Meditation steht der mentale Effekt absolut im Vordergrund. Der meditierende begibt sich dabei in eine bequeme Sitzhaltung, etwa in den Schneider- oder in den Lotussitz und lässt seinen Körper ruhen, ohne sich zu bewegen. Der Meditierende kann sich aber auch hinlegen. Die Meditierenden halten ihre Augen meist geschlossen und versuchen – je nach Art der Meditation – auf eine bestimmte Weise mit ihren Gedanken umzugehen. Typische Techniken der passiven Meditation:

Die Stillemeditation

Hierbei handelt es sich um eine Meditationstechnik, die sich vor allem bei Einsteigern größter Beliebtheit erfreut, weil diese sich äußerst einfach praktizieren lässt. Die Meditierenden versuchen dabei, einen geistigen Zustand zu erreichen, in welchem sie völlig frei von Gedanken sind. Sie richten ihre Aufmerksamkeit also immer wieder auf das Nichts oder die Leere.

Diese Meditationstechnik verfolgt das Ziel, dass sich der Meditierende voll und ganz vom Stress des Alltags löst und zur inneren Ruhe findet. Um das zu erreichen, richtet der Meditierende seine Aufmerksamkeit stets auf seine entspannte Stimmung, die er im Verlauf der Meditation idealerweise sogar noch verstärken kann.

Gern wählen Anfänger, welche den Alltag stressfreier genießen wollen, diese Meditationstechnik. Dahinter steckt die grundlegende Idee, dass Menschen, welche sich von ihren Gedanken geradezu erdrückt fühlen, einen Ausgleich finden und dem Stress so erfolgreich entgegenwirken können. Die Stillemeditation lässt sich aber auch in alltäglichen Situationen ganz einfach praktizieren, beispielsweise in belastenden Prüfungssituationen. Die Technik eignet sich also bestens für Menschen, die nicht unbedingt an ihrer Spiritualität arbeiten wollen, aber eine Unterstützung für ihren stressigen Alltag suchen.

Die Achtsamkeitsmeditation

Keineswegs steht bei der Achtsamkeitsmeditation die Kontrolle der Gedanken im Vordergrund. Vielmehr geht es darum, dass der Meditierende in die Position des Beobachters wechselt und wahrnimmt, was in diesem Augenblick in seinem Geist und in seinem Körper geschieht. Die Achtsamkeitsmeditation hat also das Ziel, dass der Meditierende seine körperlichen Phänomene, Emotionen und Gedanken in diesem Augenblick voll und ganz wahrnimmt und auch bedingungslos akzeptiert.

Um das zu erreichen, richtet der Meditierende seine Aufmerksamkeit auf seine Emotionen und Sinneswahrnehmungen im gegenwärtigen Augenblick. Damit trainiert er das absichtslose und nicht wertende Gewahrsein im derzeitigen Moment. Nicht selten verspüren die Meditierenden bei dieser Technik eine tiefe Verbundenheit mit der Natur, weil sie ihr Ego-Bewusstsein während der Meditation überwinden. Diese Zustand bezeichnet man im Zen-Buddhismus auch als Satori oder Kensho.

Bei der Achtsamkeitsmeditation handelt es sich um eine Meditationstechnik aus dem Buddhismus, die heute noch von Mönchen praktiziert wird. Eine besondere Form dieser Meditationstechnik ist übrigens Zazen, welche insbesondere im Zen-Buddhismus praktiziert wird. Bekannt ist diese Form aber auch im Westen, wo sie gern im psychischen Bereich genutzt wird. Ebenso wie die Stillemeditation eignet sich auch die Achtsamkeitsmeditation bestens für Anfänger.

Bekannt wurde die Achtsamkeitsmeditation in der westlichen Welt vor allem durch Jon Kabat-Zinn, der die achtsamkeitsbasierte Stressreduktion erfunden hat. Positive Wirkungen der Achtsamkeitsmeditation zeigen sich etwa bei Menschen, die unter ADHS leiden. Eingesetzt wird diese Form der Meditation aber auch in der Behandlung von Angststörungen, Depressionen, Traumata und anderen psychischen Problemen.

Die Konzentrationsmeditation

Bei der Konzentrationsmeditation fixiert sich der Meditierende auf etwas ganz bestimmtes, beispielsweise einem bestimmten Gedanken, einem Mantra oder einen bestimmten Punkt im Raum. Durch diese konzentrierte Fokussierung wird der alltägliche Gedankenfluss gestoppt, wodurch der Geist beruhigt wird.

Mit Hilfe dieser Technik trainieren die Meditierenden insbesondere ihre Konzentration, weshalb sie sich besonders für Menschen empfiehlt, die unter Konzentrationsschwierigkeiten leiden. Weil die Gedanken kontinuierlich immer wieder auf das entsprechende Objekt der Konzentration geleitet werden, können Meditierende, welche diese Technik regelmäßig praktizieren im Lauf der Zeit ihre Konzentration auch über einen längeren Zeitraum hinweg problemlos halten, was bei Schülern, Jugendlichen und jungen Erwachsenen zwangsläufig auch eine Steigerung ihrer Leistungsfähigkeit zur Folge hat. Aber auch Sportler profitieren davon, weil diese lernen, wie sie ihr Leistungsmaximum kontrolliert abrufen können.

Die Transzendentale Meditation

Mahrishi Mahesh Yogi begründete Ende der 1950er Jahre die transzendentale Meditation und brachte diese in den westlichen Kulturkreis. Bei dieser Technik wird nicht nur die Meditation gelehrt, sondern auch die „Maharishi Vedische Wissenschaft", die als tiefes spirituelles Wissen gilt.

Praktiziert wird auch diese Meditation im Sitzen und mit geschlossenen Augen. Dabei soll den Meditierenden ein Wort aus dem Sanskrit, der heiligen Schrift der Hindus, oder ein Mantra helfen, ihre Gedankenaktivitäten aufzulösen und den Verstand zu transzendieren. Praktiziert werden soll diese Technik zweimal täglich für einen Zeitraum von 20 Minuten. Eignen soll sich die transzendentale Meditation für jeden Menschen, der die Tiefen seines Bewusstseins erkunden und über sein Alltagsbewusstsein hinaus blicken möchte. Weil sie dabei hilft, das eigene Sein besser zu verstehen und zu erfahren, soll sie die Lebensqualität der Meditierenden beträchtlich erhöhen. Ein Nachteil besteht lediglich darin, dass diese Form der Meditation insbesondere in den USA mittlerweile einen religiösen Charakter hat.

Der Bodyscan

Beim Bodyscan handelt es sich um eine ganz besondere Achtsamkeitsmeditation und zugleich eine tiefe Entspannungstechnik. Die Meditierenden erleben dabei insbesondere ihre körperlichen Eindrücke besonders intensiv, weshalb der Bodyscan in aller Regel auch im Liegen praktiziert wird.

Eingangs beginnt der Meditierende damit, alle Körpereindrücke achtsam wahrzunehmen, indem er sich zunächst auf die Zehenspitzen konzentriert. Daraufhin arbeitet er sich langsam und Stück für Stück über den gesamten Körper. Das Ziel dieser Technik lautet, die Aufmerksamkeit voll und ganz auf den eigenen Körper zu fokussieren und dabei auch Eindrücke wahrzunehmen, die zuvor nicht beachtet wurden.

Weil der Bodyscan zu einer tiefen Entspannung führt, eignet sich diese Technik bestens für jene Menschen, die Stress entgegenwirken möchten. Darüber hinaus eignet sich diese Übung bestens für den Einstieg von Anfängern.

Die Traumreise

Die Traumreise, auch bekannt als Phantasiereise oder geführte Meditation, zählt zu den angenehmsten Formen der passiven Meditationstechniken. Diese kann sowohl im Sitzen als auch im Liegen praktiziert werden. Die Meditierenden hören während der Meditation einer Anleitung oder einem Meditationsleiter zu. Durch diese Stimme soll es gelingen, durch die Meditation ein bestimmtes Ziel zu erreichen.

Dadurch gelingt es dem Meditationsleiter, gezielt Effekte auszulösen, während sich der Meditierende in einem tiefen Trancezustand befindet. Beispielsweise ist es möglich, das Selbstvertrauen anzuregen, das Selbstbewusstsein zu stärken, die Selbstheilungskräfte zu aktivieren oder die Selbstliebe zu entfachen. Auch Süchte wie etwa die Nikotinsucht, lassen sich mit der Traumreise effektiv behandeln.

Grundsätzlich lässt sich die Traumreise sehr breit gefächert anwenden. Das gilt zumindest, sofern der Meditationsleiter ein tief gehendes Wissen aus der Psychologie, der Meditation und der Hypnose mitbringt. Dieses Wissen kann er mit seiner Stimme zu einer sehr guten Anleitung kombinieren.

Bestens eignet sich die Traumreise für Anfänger, weil sich mit einem denkbar geringen Aufwand ein schneller Effekt erzielen lässt, zumal die Meditierenden die Wirkung oft sogar direkt im Anschluss verspüren. Auch für Kinder eignet sich diese Meditationstechnik bestens, weil diese oft Schwierigkeiten mit anderen Formen der Meditation haben.

Die aktive Meditation

Der Unterschied zwischen aktiven und passiven Meditationstechniken besteht darin, dass bei ersterer Bewegung in die Meditation integriert wird. Dadurch, dass die körperliche Bewegung ein Teil der Meditation ist, ergeben sich zahlreiche Möglichkeiten zur Anwendung. Aktive Meditationstechniken eignen sich bestens für Menschen, die im Alltag viel sitzen müssen. Denn diese trainieren dadurch nicht nur ihren Geist, sondern auch ihren Körper. Denn Bewegung löst im menschlichen Gehirn stets eine Aktivität aus. Der Geist ist also mit den körperlichen Übungen beschäftigt, während der Meditierende die Gelegenheit hat, dass seine Gedanken zur Ruhe zu kommen und neue Erfahrungen zu machen. Das sind die verschiedenen Techniken zur aktiven Meditation:

Die Gehmeditation

Die sogenannte Gehmeditation wird von den meisten Menschen ohnehin intuitiv ausgeführt. Schließlich gehen Menschen gern spazieren, wenn sie ihren Kopf frei bekommen wollen und dem alltäglichen Stress für eine Weile entfliehen wollen. Die Gehmeditation ist jedoch sogar noch intensiver als das Spazierengehen an sich.

Wer ohnehin gern spazieren geht, sollte diese Meditationstechnik also durchaus einmal ausprobieren. Denn diese hat den Effekt, dass die Achtsamkeit gesteigert und zugleich Energieblockaden gelöst werden. Die Meditierenden fokussieren hier ihre Gedanken voll und ganz auf die Bewegungsabläufe und alle dazugehörigen geistigen Prozesse. Sie lernen dabei, ihre Gedanken voll und ganz auf eine Sache zu fixieren, was wiederum den positiven Effekt hat, dass die Gedanken zielgerichtet bleiben, statt abzuschweifen. Das wiederum hat zur Folge, dass die Konzentrationsfähigkeit gesteigert wird, während Geist und Körper sich zugleich in einem Zustand der Entspannung befinden.

Weil jeder Mensch ohnehin mehrfach täglich den Ort wechselt und dabei einen kleinen Spaziergang macht, lässt sich diese Meditationstechnik auch bestens in den Alltag integrieren. Denn grundsätzlich kann jeder Fußmarsch in eine kurze Meditation verwandelt werden – mit den entsprechenden positiven Folgen für das alltägliche Leben. Und zwar ohne dass die Betroffenen zusätzlich Zeit investieren müssen. Denn zeitliche Einschränkungen gibt es für die Gehmeditation nicht, sie kann ebenso gut in zwei Minuten wie in zwei Stunden absolviert werden.

Besonders stark profitieren von dieser Meditationstechnik Büromenschen, die den größten Teil des Tages sitzen. Denn sie erfahren sowohl die physischen als auch die mentalen Vorteile, die mit der Gehmeditation einhergehen, zumal diese Meditation an jedem beliebigen Ort praktiziert werden kann. Die Meditierenden müssen dabei nur darauf achten, dass sie ihre Achtsamkeit auch wirklich voll und ganz auf die Bewegung ihres Körpers richten. Sie nehmen dadurch jeden einzelnen Schritt völlig achtsam und in allen Einzelheiten wahr: Wie sie das Bein hochheben, das Bein nach vorne schwingt und sie wieder aufsetzen, bevor der gleiche Bewegungsablauf mit dem anderen Bein folgt. Während sie das machen, können die Meditierenden aber auch die geistigen Vorgänge im Gehirn wahrnehmen und die Bewegung mit der Atmung kombinieren.

Die Vipassana Meditation

Die Vipassana Meditation wurde von Siddharta Gautama Buddha selbst überliefert, der den Buddhismus begründet hat. Bekannt ist diese Meditationstechnik auch unter den Begriffen Einsichtsmeditation und aktive Achtsamkeitsmeditation.

Diese Meditation hat es zum Ziel, das verursachte Leid durch Verblendung und Nichtsehen zu überwinden, was auch zu den zentralen Elementen des buddhistischen Glaubens gehört. Wer diese Meditation praktizieren will, muss sich aber keineswegs zuvor dem buddhistischen Glauben anschließen. Denn ausgeübt wird diese Technik auch von den Anhängern anderer Religionen. Einen regelrechten Boom erlebte diese Form der Meditation in der westlichen Welt in den 1960er Jahren, als hierzulande das Interesse am Fernen Osten und seinen facettenreichen Philosophien wuchs.

Übersetzen lässt sich der Begriff Vipassana am besten mit „Dinge zu sehen, wie sie wirklich sind." oder „Klare Sicht. Denn diese Meditationstechnik verhilft dem Meditierenden dazu, sich durch Selbstbeobachtung selbst zu verändern. Durch Achtsamkeit erfahren die Meditierenden in ihrem Alltag also die Verbindung zwischen Geist und Körper. Der Sinn und Zweck besteht darin, sich jene körperlichen Vorgänge bewusst zu machen, die einen Einfluss auf die Konditionierung des Geistes haben. Geistige Unreinheiten werden dadurch aufgelöst, sodass der Meditierende den Ursprung von Geist und Körper findet.

Der Meditierende soll die Welt so wahrnehmen, wie sie auch in Wirklichkeit ist. Dadurch wird bewirkt, dass subjektive Wahrnehmungen im Lauf der Zeit an

Bedeutung verlieren, während die Wahrheit immer klarer zum Vorschein kommt.

Enorm wichtig ist bei dieser Meditationstechnik die Achtsamkeit. Der Praktizierende soll alle alltäglichen Vorgänge bei vollem Bewusstsein erfahren. Dabei soll die Achtsamkeit so weit ausgedehnt werden, wie es nur irgend möglich ist. Die subjektiven Wahrnehmungen werden dabei auf ein Minimum reduziert, stattdessen treten jene Wahrnehmungen, die von selbst kommen, in den Vordergrund.

Wer diese Meditation regelmäßig praktiziert, soll dadurch in der Lage sein, die Welt so wahrzunehmen, wie sie tatsächlich ist. Letztlich verstehen die Meditierenden auch die universellen Gesetzmäßigkeiten, die mit dem Leben verbunden sind, sodass sie diese auch mit vollem Lebensglück erfahren können.

Allerdings eignet sich diese Meditationstechnik nicht für jeden gleichermaßen gut. Profitieren können davon lediglich Menschen, die bereit sind, ihre Alltagsgewohnheiten und ihr Leben komplett zu ändern und sowohl in die Art des Lebens als auch des Denkens eine neue Struktur bringen wollen. Das lässt sich allerdings oft nicht mit dem Alltag in Einklang bringen. Das ist auch der Grund dafür, warum die Vipassana Meditation üblicherweise in mehrwöchigen Blöcken angeboten wird: Die Teilnehmer haben so die Gelegenheit, die positiven Veränderungen wahrzunehmen und später in den Alltag zu integrieren.

Die dynamische Meditation

Die dynamische Meditation geht auf den Inder Bhagwan Shree Rajneesh, auch bekannt als Osho, zurück. Diese Technik soll dem Betroffenen dabei helfen, aus sich heraus zu kommen, innere Blockaden zu lösen und eine tiefe Erkenntnis über das Sein zu erfahren. Weil sich diese Meditationstechnik bei psychischen Problemen bestens bewährt hat, wird sie zunehmend auch von Therapeuten eingesetzt. Den Patienten soll es dadurch leichter möglich sein, einen inneren Ausgleich zu finden.

Die dynamische Meditation dürfte wohl jene Meditationstechnik sein, die mit der meisten körperlichen Bewegung verbunden ist. Eine Praxiseinheit dauert in etwa eine Stunde lang und unterteilt sich in fünf Phasen. Zunächst beginnen die Meditierenden mit einer Atemphase, wobei sie chaotisch ein- und ausatmen – so schnell und tief wie nur irgend möglich. Dabei soll sich der Meditierende voll und ganz mit seiner Atmung identifizieren und förmlich selbst das Atmen werden. Anschließend sollen die Meditierenden alle Gedanken und Emotionen körperlich ausdrücken. Sie springen, schreien, tanzen, toben, weinen oder lachen. Wichtig ist dabei, dass sie darauf achten, dass ihr Verstand nicht in diesen Prozess eingreift und sie alles geschehen lassen. Die Meditierenden sollen alles heraus lassen, was sich in ihnen angestaut hat, was für einen Außenstehenden natürlich meist ein wenig seltsam aussieht.

Diese Phase gilt als besonders effektiv, wenn es darum geht, innere Blockaden zu lösen und die Gedanken frei zu machen. Anschließend springen die Meditierenden auf der Stelle, wobei sie das Mantra „Huh, Huh, Huh" ausrufen, sobald sie den Boden mit ihren Füßen berühren. Daraufhin folgt schließlich eine passive Phase, in welcher sich die Meditierenden hinlegen, stehen bleiben und die Augen schließen oder sich in eine bequeme Sitzposition begeben. Das hat den Effekt, dass sich die Wirkung aus den vorherigen Phasen verstärkt. Schließlich tanzen die Meditierenden zu einer vorher ausgewählten Musik und versuchen dabei, ihre Bewegungen mit den Klängen zu verschmelzen. Es soll sich dabei um einen rhythmischen Tanz handeln, welcher keinesfalls von aktivem Denken beeinflusst werden darf.

Nun sollten die Meditierenden auch Glücksgefühle wahrnehmen, die sie dankbar annehmen sollten. Sobald die Meditation abgeschlossen ist, sprühen die Meditierenden geradezu vor Energie und stellen auch eine gesteigerte Aufmerksamkeit fest. Sehr eng mit der dynamischen Meditation sind auch die Aum-Meditation, die Nadabrahma-Meditation, die Kundalini Meditation, die Whirling Meditation, die Mandala Meditation, die Nataraj Meditation und die No Dimensions Meditation verwandt. Sie unterscheiden sich lediglich bezüglich der Ausführung geringfügig voneinander.

Yoga

Obgleich Yoga oft den verschiedenen Meditationstechniken zugerechnet wird, handelt es sich um keine Meditationstechnik im eigentlichen Sinne. Denn bei Yoga handelt es sich um eine Philosophie, deren Wurzeln in Indien liegen. Die meditativen Elemente machen dabei lediglich einen Bruchteil dessen, was dahinter steht, aus. Durch die körperlichen Übungen werden Körper und Geist vereint, was auf beiden Ebenen zu einem Gefühl der Ausgeglichenheit führt.

In Indien üben sogenannte Yogins oder Yogis nach wie vor Yoga aus, jedoch hat sich diese Lehre mittlerweile weltweit ausgebreitet. Geeignet ist diese Praxis für jeden Menschen, der sportlich aktiv sein und gleichzeitig seinen Geist entfalten möchte.

Qigong und Tai-Chi

Bei Qigong und Tai-Chi handelt es sich um Kampfsporttechniken, die in China entwickelt wurden und im Reich der Mitte auch heute noch den Status eines Volkssports haben. Jedoch ist der Aspekt der Kampfkunst im Lauf der Zeit in den Hintergrund getreten, sodass beides eher als meditative Gymnastik praktiziert wird, durch welche Körper und Geist in Verbindung gebracht werden sollen. In der traditionellen chinesischen Medizin werden beide Praktiken auch genutzt, um den Energiehaushalt des Menschen zu stabilisieren und Krankheiten zu behandeln. Denn in der chinesischen Medizin ist man davon überzeugt, dass die Energieflüsse, welche durch den Körper fließen, durch Bewegungen gelenkt werden.

Tantra

Auch beim Tantra handelt es sich um eine Philosophie sowie Religionsform, welche zwischen dem zweiten und dem achten nachchristlichen Jahrhundert in Indien entwickelt wurde. Charakteristisch für Tantra ist, dass hierbei Meditation und Sexualität miteinander in Verbindung gebracht werden. Laut des im Westen verbreiteten Neo-Tantra lasse sich die sexuelle Energie durch Meditation dazu nutzen, um bewusstseinserweiternde Erfahrungen zu machen. Um dieses Ziel zu erreichen, praktizieren die Meditierenden sexuelle und erotische Rituale. Diese können sowohl gemeinsam mit dem Partner als auch zusammen mit mehreren anderen Menschen praktiziert werden.

Eine absolute Grundvoraussetzung, um Tantra praktizieren zu können, ist folglich sexuelle Offenheit. Wichtige Elemente des Tantra sind unter anderem Atemtechniken und Meditation. Die entsprechenden sexuellen Praktiken werden erst in einem fortgeschrittenen Stadium und in einem geschützten Rahmen gelehrt. Sinn und Zweck dieser Meditation ist es, die Sexualität ins Gleichgewicht zu rücken und Stress zu reduzieren.

Enlightment Intensive

Charles Berner hatte die Methode des Enlightment Intensive 1968 erfunden und damit Kommunikation mit Meditation verbunden. Diese Technik verfolgt das Ziel, auf der Suche nach Wahrheit meditative Selbsterfahrungen zu machen. Die entsprechenden Seminare werden für Gruppen angeboten und haben eine Dauer von bis zu 14 Tagen.

Zunächst gibt ein Lehrer dabei die notwendigen Unterweisungen, bevor diverse Sprechsequenzen mit einer Dauer von 45 Minuten nach einem bestimmten Ablauf durchgeführt werden. Im Lauf eines Tages wechseln sich Sprecher und Zuhörer dabei immer wieder ab. Dabei stellt der Zuhörer dem Sprecher zunächst die Frage, wer dieser sei. Daraufhin formuliert der Sprecher Antworten.

Diese Meditationstechnik soll dabei helfen, Erkenntnisse über das eigene Sein zu gewinnen und die bislang gepflegten Identifizierungsmuster zu überdenken. Schließlich sollen die Teilnehmer in ein körperliches, emotionales und psychisches Gleichgewicht gelangen. Denn Charles Berner ging davon aus, dass sich das wahre Ich eines Menschen hinter den sozialen Rollen und Konditionierungen verbirgt. Diese Strukturen müssten überwunden werden, um zum wahren Selbst zu gelangen. Das wird dadurch erreicht, dass intensiv Fragen gestellt werden und die Betreffenden nach Antworten suchen müssen, wobei sie auch die Grenzen des Verstandes überschreiten.

Meditation in der Praxis

Meditation ist im Grunde ganz einfach zu erlernen und zu praktizieren, sodass der Meditierende rasch von den positiven Effekten profitieren kann: Er wird fokussierter, energetischer und auch selbstbewusster. Er gewinnt zugleich an Wachheit und innerer Stärke, während er zugleich völlig entspannt ist. Im alltäglichen Leben hilft die Meditation dem Meditierenden dabei, besser mit Angstsituationen und Stress umgehen zu können. Wer die Praxis der Meditation erlernen möchte, hat zunächst aber mit Sicherheit einige Fragen. Beispielsweise, wie Meditation genau funktioniert und wie er am besten anfangen sollte. Weitere Fragen, die oft gestellt werden, beziehen sich auf die richtige Meditationshaltung und worauf Anfänger besonders achten müssen. Diese werden in der folgenden Anleitung beantwortet.

Meditieren lernen – warum?

So mancher denkt vermutlich, Meditation sei lediglich etwas für Yogis und esoterisch angehauchte Menschen. Denn schließlich macht es auf den ersten Blick scheinbar keinen Sinn, einfach nur dazusitzen, nichts zu tun und den Tag an sich vorüber streichen zu lassen. Deshalb betrachten viele die Meditation als pure Zeitverschwendung.

Jedoch ist es im Gegenteil so, dass Meditierende keine Zeit verlieren, sondern im Gegenteil sogar Zeit gewinnen. Und auch die zahlreichen Vorteile, welche die Meditation bringt, möchte so mancher nicht mehr in seinem Leben missen. Zu den besonderen Vorteilen gehören folgende Aspekte:

- Fühlt sich der Mensch träge, wird er durch das Meditieren wacher

- In stressigen Situationen kommen die Betroffenen schnell zur Ruhe

- Weil Meditierende rasch entspannen können, fällt es ihnen leicht, neue Energie zu tanken

- Die Betroffenen haben ihre Ängste besser im Griff

- Es gelingt besser, negative Gedanken loszuwerden

- Binnen kürzester Zeit fühlen sich die Betroffenen insgesamt erheblich besser

Positiv hinzu kommt die Tatsache, dass Menschen, die Meditation praktizieren, klarer und fokussierter denken, wodurch sie auch ihre Aufgaben schneller erledigen können. Dadurch gewinnen sie durch die Meditation insgesamt Zeit. Denn sie gehen ihre Aufgaben auch ausgeruhter an. Die Zeit, die ein Mensch in die Meditation investiert, erhält er also um ein Vielfaches wieder zurück.

Darauf müssen Anfänger achten!

Den Begriff der Meditation verbinden viele Menschen unweigerlich mit indischen Yogis, die völlig regungslos da sitzen und nichts machen. So kann eine Meditation zwar sehr wohl aussehen, aber nicht zwangsläufig. Denn eine Meditation kann auch während des Gespräches mit anderen Menschen, beim Spazierengehen, kurz vor dem Einschlafen und in vielen anderen Situationen erfolgen. Denn Meditation bedeutet schlicht und ergreifend nur, sich selbst bewusst zu werden, was in jeder erdenklichen Situation möglich ist. Will jemand Meditation lernen, sollte er sich das so einfach wie nur irgend möglich machen, damit er sich voll und ganz auf das Meditieren konzentrieren kann. Erlernen lässt sich die klassische Meditation in folgenden Schritten:

Der richtige Meditationsplatz

Zunächst einmal gilt es, den richtigen Platz für die Meditation zu finden. Es sollte sich dabei um einen sauberen und ruhigen Platz handeln, den der Meditierende auch mag. Denn er soll sich ja schon im Vorfeld darauf freuen, dass er hier jeden Tag ein wenig Zeit verbringen darf. Auch eine kleine Figur, beispielsweise ein Buddha, kann an diesem Platz aufgestellt werden, um die Meditation zu begleiten. Der Ort sollte aber dennoch möglichst einfach sein, weshalb es sich empfiehlt, alle überflüssigen Dinge von dort zu entfernen. Denn das In-sich-kehren fällt umso einfacher, je weniger störende Einflüsse von außen vorhanden sind.

Wichtig: die Ruhe

Bevor mit der Meditation begonnen wird, sollte der Meditierende dafür sorgen, dass es am jeweiligen Platz angenehm und ruhig ist. So sollte etwa das Handy auf lautlos gestellt und auch ansonsten dafür Sorge getragen werden, dass niemand die Meditation stört.

Die richtige Sitzposition

Keinesfalls sollte die Meditation auf dem kalten Fußboden erfolgen. Ideale Unterlagen sind etwa eine Yogamatte oder ein dickes Handtuch. Denn die Meditation sollte in einer warmen und wohligen Atmosphäre erfolgen. Jedoch sollte der Meditierende darauf achten, dass die Unterlage hart ist. Das Bett beispielsweise ist ein denkbar schlechter Untergrund für die Meditation, weil der Untergrund zu weich ist.

Anfänger setzen sich auf die Unterlage ganz einfach im Schneidersitz. Gegebenenfalls kann auch ein Fuß auf den anderen gelegt werden, sodass der Meditierende die Halb-Lotus-Position einnimmt. Wer lieber nicht auf dem Boden sitzen möchte, kann auch ganz einfach auf jedem beliebigen Stuhl meditieren. Wichtig ist nur, dass es für denjenigen angenehm ist. Die ersten paar Male ist dies vielleicht ein wenig unangenehm, jedoch sollte das Sitzen keinesfalls weh tun. Natürlich ist es auch möglich, im Liegen zu meditieren. Jedoch besteht hier die Gefahr, während der Meditation einzunicken.

Die richtige Körperhaltung

Äußerst wichtig ist es, dass die Wirbelsäule während der Meditation in einer aufrechten Position. Das hat auch einen guten Grund: Dadurch öffnet sich die Brust, der Meditierende kann frei atmen und der Energiefluss wird nicht behindert.

Die Arme kann der Meditierende einfach in den Schoß fallen lassen und die Hände übereinander legen. Dabei sollten die Daumen gegeneinander zeigen, sich aber nicht berühren. Die Kopfhaltung ist locker und geradeaus gerichtet, während die Schultern fallen gelassen werden.

Vor der Meditation

Für die Meditation sollte eine bequeme Kleidung gewählt werden. Also beispielsweise keine zu engen Hosen, sondern stattdessen besser ein Jogginganzug. Um nicht ständig durch den Blick auf die Uhr abgelenkt zu sein, sollte ein Wecker gestellt werden. Für die ersten Meditationen reicht ein Zeitraum von zehn Minuten voll und ganz aus. Sobald diese Vorbereitungen abgeschlossen sind, schließt der Meditierende seine Augen und atmet einige Male bewusst und tief in den unteren Bauch ein. Bei dieser Gelegenheit kann er außerdem überprüfen, ob seine Körperhaltung korrekt ist. Unter Umständen kann auch ein Schälchen oder eine Duftkerze mit einem angenehmen Duft aufgestellt werden.

Die eigentliche Meditation

Nach den ersten bewussten, tiefen Atemzügen konzentriert sich der Meditierende weiterhin voll und ganz auf seinen Atem. Denn am Anfang geht es darum, gewissermaßen aus dem Kopf heraus zu kommen und in seinen Körper hinein zu finden.

Während der Meditierende spürt, wie der Atem langsam in den Körper fließt und wieder ausströmt, achtet er auf jedes noch so kleine Detail. Beispielsweise, wie sich der Bauch beim Einatmen weitet und wie der Luftstrom beim Ausatmen an den Lippen vorüber fließt. Die Beobachtung des eigenen Atems ist für Anfänger enorm wichtig, weil ihnen das dabei hilft, sich voll und ganz auf den Augenblick und auf ihr Körpergefühl zu konzentrieren, wodurch zugleich der Kopf beruhigt wird.

Es dürfte vermutlich nicht allzu lange dauern, bis sich wieder ablenkende Gedanken einschleichen. Das ist jedoch ein völlig normales Phänomen. Der Meditierende sollte darauf reagieren, indem er seine Aufmerksamkeit sanft wieder zurück zum Atem führt.

Das Erwachen aus der Meditation

Die Meditationsübungen verfolgen natürlich das Ziel, dass die Meditierenden diesen Zustand auch in ihren Alltag mitnehmen sollten. Holt das Klingeln des Weckers den Meditierenden nach zehn Minuten aus der Trance zurück, sollte der Meditierende nicht gleich aufspringen und sich seiner nächsten Aufgabe widmen. Vielmehr sollte er die gewonnene Energie und die Klarheit mit in die nächste Aufgabe nehmen. Auch im Alltag sollten Menschen, die Meditation praktizieren, immer wieder kurz innehalten, um sich selbst bewusst werden zu können.

Weitere Tipps zur richtigen Meditation

Auch wenn sich Anfänger an die Anleitung halten, kann es in der Meditationspraxis zum einen oder anderen Problem kommen oder noch weitere Fragen auftreten. Das sind die häufigsten:

Was tun, wenn sich die Gedanken nicht stoppen lassen?

Vor allem Anfänger sind oft der Meinung, dass sie ihre Gedanken willentlich stoppen sollten. Dabei handelt es sich um ein Missverständnis, denn dies ist in dieser Form nicht richtig. Zwar hat die Meditation das Ziel, einen gedankenfreien Zustand zu erreichen. Dieser Zustand lässt sich jedoch nicht erreichen, wenn sich die Meditierenden dazu zwingen, nicht zu denken. Stattdessen sollten sie ihre Gedanken zulassen und diese einfach nur beobachten. Denn allein dadurch, dass der Meditierende die Gedanken beobachtet und sich ihrer bewusst wird, verschwinden sie nach einer Weile ganz von selbst. Lässt der Meditierende seine Gedanken einfach nur fließen und beobachtet sie dabei, tauchen im Lauf der Zeit immer weniger Gedanken auf, bis ein gedankenfreier Zustand erreicht ist.

Wann ist die beste Zeit für eine Meditation?

Sehr gut bewährt hat sich die Meditation morgens direkt nach dem Aufstehen oder abends vor dem Zubettgehen. Wichtig ist lediglich, dass der Meditierende nicht zu müde ist, weil dann die Gefahr besteht, während der Meditation einzuschlafen. Ein ungünstiger Zeitpunkt ist außerdem direkt nach den Mahlzeiten. Dann ist der Körper nämlich mit der Verdauung beschäftigt, wodurch es schwieriger wird, in sich zu kehren und ruhiger zu werden.

Wenn der Fuß einschläft

Die Sitzposition sollte in jedem Fall bequem sein. Schläft der Fuß ein, hat der Meditierende vermutlich eine falsche Sitzposition eingenommen. Er sollte versuchen, sich auf ein Kissen oder einen Stuhl zu setzen, um das Gesäß zu erhöhen.

Wie oft soll die Meditation erfolgen und wie lang soll sie dauern?

Anfänger sollten sich das Meditieren so einfach wie möglich machen. Sind ihnen zehn Minuten zu lang, können sie durchaus auch mit lediglich fünf Minuten beginnen. Wie lange meditiert wird, ist eher nebensächlich, viel wichtiger ist, dass die Meditation regelmäßig praktiziert wird. Das fällt leichter, wenn eine kurze Meditation in den Alltag integriert und somit zu einer täglichen Routine wird. Das Pensum kann nach einer Woche regelmäßiger Meditation langsam erhöht werden.

Wenn die Zeit zum Meditieren fehlt

Zeitmangel ist in jedem Fall ein Trugschluss. Denn ausgerechnet jene Menschen, die glauben, gerade keine Zeit dafür zu haben, profitieren am meisten von einer Meditation. Je weniger Zeit jemand für die Meditation aufbringen zu können glaubt, umso schneller sollte er damit anfangen. Sich dafür Zeit zu nehmen ist schließlich auch nur eine reine Kopfsache, weil jeder täglich die paar Minuten aufbringen kann, wenn es ihm nur wichtig genug ist.

Wie lassen sich negative Gedanken vertreiben?

Menschen werden ihre negativen Gedanken los, sobald sie diesen keine Bedeutung mehr beimessen. Besser ist es, die Gedanken einfach nur anzuschauen und sie als das anzuerkennen, was sie sind. Nämlich Produkte des Gehirns, welche sich nicht unmittelbar steuern oder beeinflussen lassen. Diese Gedanken verlieren ihre Kraft, sobald ihnen kein Glauben mehr geschenkt wird. Ganz automatisch verschwinden dann auch sämtliche negativen Emotionen, die mit diesen Gedanken verbunden sind.

Wird die Meditation richtig gemacht?

Ein Richtig oder Falsch gibt es bei der Meditation nicht. Schließlich gibt es unzählige Möglichkeiten zu meditieren, sodass jeder die für sich richtige finden kann. Essenziell wichtig ist lediglich, dass sich der

Meditierende voll und ganz auf sich selbst konzentriert und sich während der Meditation wohlfühlt. Deshalb sollten Anfänger auch sämtliche Vorstellungen, wie eine Meditation aussehen und was sie bewirken sollte, vergessen.

Ist die Meditation mit Musik sinnvoll?

Ob mit oder ohne Musik meditiert wird, ist ausschließlich eine Sache des persönlichen Geschmacks. Zwingend notwendig ist Musik bei der Meditation aber nicht.

Mit offenen oder geschlossenen Augen meditieren?

Bei einigen Meditationsformen bleiben die Augen während der Meditation geöffnet. Den meisten Menschen fällt es aber erheblich leichter, in sich hinein zu fühlen und zur Ruhe zu kommen, wenn sie die Augen geschlossen haben. Anfänger sind also wohl gut beraten, wenn sie die Meditation mit geschlossenen Augen beginnen.

Wie hilfreich sind Apps?

Auf dem Markt sind mittlerweile eine Vielzahl von Meditations-Apps erhältlich. Diese können für so manchen eine gute Hilfe beim Start in die Welt der Meditation sein. Viele Anbieter wie zum Beispiel Headspace sind dazu auch noch kostenlos.

Wenn es schwer fällt, sich zu entspannen

Zwar führt die Meditation ganz automatisch zu einem Zustand der Entspannung. Jedoch fällt es so manchen Menschen schwer, überhaupt so weit zur Ruhe zu kommen, um meditieren zu können. Beispielsweise Betroffene, die unter ADHS oder massiven Angstzuständen leiden. Bei letzteren ist der komplette Körper in einem permanenten Angstzustand, was etwa massive Verspannungen in der gesamten Muskulatur zur Folge haben kann. Doch auch diese können einen Weg zur Entspannung finden.

Wichtig ist dabei insbesondere, dass sie zunächst ihren Körper entspannen. Sie sollten sich so oft wie möglich in ihren Körper hineinfühlen, um Verspannungen aufzuspüren. Diese Stellen können sie bewusst entspannen, indem sie gedanklich zu jener Stelle gehen, die von der Verspannung betroffen ist. Dem jeweiligen Körperteil reden sie gut zu, um sich zu entspannen. Wenn sich die Betroffenen ihrem Körper aufmerksam und liebevoll nähern, hört er auch zu und folgt. Nach und nach lernen sie dadurch, die Sprache ihres Körpers zu verstehen und können diesen auch entspannen.

Ist es erst einmal gelungen, den Körper willentlich zu entspannen, gelingt das auch mit dem Verstand. Dieser ist zwar wesentlich komplexer als der menschliche Körper, aber auch dieser kann mit der genannten Vorgehensweise willentlich entspannt werden.

Im nächsten Schritt treten die Betroffenen mit jenen Körperteilen, die gefühlsbeladen sind. Das gilt insbesondere für das Herz, welches als Sitz von Emotionen und Gefühlen gilt. Erst wenn das gelungen ist, gehen die Betroffenen zu ihrem innersten Kern, also zur Mitte ihrer Existenz. Es gelingt dann, auch diese zu entspannen.

Die häufigsten Anfängerfehler beim Meditieren

Aller Anfang ist schwer. Diese Weisheit gilt für alle Dinge, die der Mensch im Lauf seines Lebens neu erlernt und was mit ein wenig Übung schließlich doch eines Tages gelingt. Genau das gilt auch für die Meditation. Jedoch gibt es einige typische Fehler, die vor allem Anfängern immer wieder unterlaufen. Das sind die häufigsten:

Die falsche Sitzposition

Eine absolute Grundvoraussetzung für die Meditation besteht darin, eine bequeme Sitzposition einzunehmen, was jedoch leichter gesagt als getan ist. Denn weil der moderne Mensch den größten Teil des Tages im Sitzen verbringt, ist das Sitzen für viele Menschen nicht mehr entspannend, sondern zu einer lästigen Pflicht geworden. Wie bei allen anderen Gelegenheiten gilt auch bei der Meditation, dass die richtige Sitzposition schonend für den Körper ist und unangenehme Langzeitschäden vermieden werden können.

Anfänger sollten deshalb unterschiedliche Körperhaltungen ausprobieren, gern auch im Liegen oder im Stehen. Die klassische Meditationshaltung, also den Schneidersitz oder die Lotus-Haltung empfinden so manche nämlich alles andere als angenehm. Die ideale Haltung kann aber jeder finden, sodass er auch längere Meditationssitzungen absolvieren kann. Eine Vielzahl von Anregungen für die passende Meditationshaltung lassen sich im Internet finden.

Die Enttäuschung über unerfüllte Erwartungen

So mancher macht die Erfahrung, dass er durch die Meditation zunächst nur angenehme Empfindungen verspürte, dass die Meditation irgendwann aber nur noch als anstrengend empfunden wird. In diesem Fall sollten die Betroffenen keinesfalls versuchen, an ihrer Willenskraft oder an ihrer Technik zu arbeiten. Vielmehr sollten sie das Geschehen akzeptieren und irgendwann fällt die Meditation auch wieder leichter und sie verspüren auch bald wieder die angenehmen Gefühle, die sie anfänglich verspürt hatten. Es ist also grundfalsch, mit einer bestimmten Erwartungshaltung an die Meditation heranzugehen, weil das zwangsläufig eine Enttäuschung zur Folge hat.

Fehlende Disziplin

Wer mit Meditation beginnt und schon bald merkt, dass dies nichts für ihn ist, sollte es künftig bleiben lassen. Schließlich sollte sich jeder Mensch bei allem, was er tut, auch wohlfühlen. Sollen mit Hilfe der Meditation nämlich langfristige Ergebnisse erreicht werden, muss diese auch regelmäßig praktiziert werden. Dabei gilt als Faustregel, dass pro Tag einmal meditiert werden sollte, auch wenn es nur wenige Minuten sind.

Wer sich dann erst einmal an die regelmäßigen Meditationseinheiten gewöhnt hat, kann anfangen die Dauer der Meditation schrittweise zu steigern. Dann ist es auch nicht weiter schlimm, wenn eine Meditation einmal aus welchen Gründen auch immer ausfällt.

Keine Bodenhaftung mehr

Anfänger, die erstmals in Kontakt mit ihrer inneren Welt und ihrer Seele treten, empfinden dadurch einen derart heftigen Glücksrausch, dass sie alles um sich herum vergessen. Vor dem Hintergrund dieser neuen Erfahrung tritt der Alltag dann oft in den Hintergrund. Dieser Zustand ist aber völlig normal, er sollte nur nicht zu lange andauern. Keinesfalls sollte die neu gewonnene innere Stärke und die Achtsamkeit dazu führen, dass sich die Menschen absondern. Sie sollten vielmehr beides nutzen, um ihr aktives Leben bewusster zu leben.

Meditation im müden Zustand

In müdem Zustand zu meditieren ist eine denkbar schlechte Idee, weil sich die Betroffenen kaum noch konzentrieren können und nicht mehr alle Details wahrnehmen. Der Weg in das eigene Innere fällt im ausgeruhten Zustand sehr viel leichter. Gegen die Erschöpfung helfen neben ausreichend Schlaf auch Sonnenlicht, frische Luft und körperliche Bewegung.

Probleme lassen sich nicht durch Meditation lösen

Auch wenn viele der Meinung sind: Das mächtige Werkzeug der Meditation ist keinesfalls ein Ersatz für das Handeln. Psychische Probleme oder eine unglückliche Beziehung lassen sich keinesfalls „ausmeditieren". Zwar hilft Meditation den Menschen dabei, endlich das zu tun, was sie schon lange wollten, jedoch müssen sie selbst handeln, weil Meditation keine Wünsche erfüllt und aktives Handeln nicht ersetzen kann.

Klasse ist wichtiger als Masse

Nicht selten gehen Anfänger übermotiviert an die Meditation heran und nehmen sich lange Einheiten vor. Hier besteht allerdings die große Gefahr, dass sich alle möglichen Gedanken einschleichen, die den Meditierenden ablenken. Sehr viel wichtiger als lange Sitzungen ist nämlich die hundertprozentige Konzentration und die Intensität der Sitzung. Kämpfen die Meditierenden stark mit driftenden Gedanken, sollten sie mit Pranayama-Übungen oder einem Mantra meditieren. Beides beschäftigt den Meditierenden und gibt ihm eine Aufgabe, sodass er den Fokus aufrechterhalten kann.

Eine radikale Umstellung des Alltags

Um meditieren zu können, ist es nicht notwendig, den eigenen Alltag radikal umzustellen, denn Meditation sollte den Alltag ergänzen und kann jederzeit an jedem Ort praktiziert werden. Es ist also völlig unnötig, einen besonderen Lebensstil zu pflegen, wie es viele Vertreter aus der spirituellen Szene machen.

Die Übersicht verlieren

Anfänger, die sich erstmals mit Meditation beschäftigen, stoßen auf eine Vielzahl von Traditionen aus aller Welt, die allesamt ihre besonderen Übungen haben. Zu Beginn macht es also durchaus Sinn, erst einmal ein wenig zu experimentieren, um den richtigen Weg für sich zu finden. Ist ein Weg, der sich gut anfühlt, erst einmal gefunden, sollten die Anfänger dann auch dabei bleiben. Der Grund: Fortschritte lassen sich sehr schwer erzielen, wenn die Routine ständig abgeändert wird.

Nur den Einzelkämpfer spielen

Wer meditiert, kann sehr viel selbst machen, was vor allem die tägliche Meditations-Praxis betrifft. Irgendwann können aber Hindernisse auftauchen, sodass die Betroffenen nicht mehr weiter wissen. Dann sollten sie Hilfe suchen und sich auch mit anderen austauschen. Etwa, indem sie einen Kurs besuchen oder gezielt nach Gleichgesinnten in ihrer Umgebung suchen. Genau das kann dem einzelnen sehr gut weiterhelfen.

Die perfekte Morgenroutine: Wie Sie stressfrei in den Tag starten

Der Stress beginnt für viele Menschen schon beim Aufstehen: Sie stehen auf den letzten Drücker auf, haben zu Hause nur noch Zeit für eine schnelle Kaffee und schlingen das Frühstück auf dem Weg an die Arbeitsstelle hinunter. Dort erwartet sie ein riesiger Berg an Arbeit, den sie natürlich punktgenau bis zum Feierabend erledigen müssen, weil abends vielleicht noch private Verpflichtungen warten. Das ist nicht nur stressig, sondern auch ungesund.

Was ist Morgenroutine?

Auf den ersten Blick erscheint der Begriff Morgenroutine negativ, weil er zwanghaft wirkt. Jedoch hat die Morgenroutine enorme Vorteile, wie das Beispiel erfolgreicher Menschen zeigt, die eine spezielle Routine entwickelt haben, damit sie konzentriert und fokussiert in den Tag starten können. Es ist also nicht die schlechteste Idee, dem Vorbild von Persönlichkeiten wie Albert Einstein, Ernest Hemingway oder Pablo Picasso zu folgen. Schon das Einführen kleiner Rituale und Gewohnheiten reicht aus, um Hektik und Stress völlig aus dem Tag zu verbannen.

Der Begriff Morgenroutine steht also für den ganz persönlichen Start in den Tag. Wie lange diese Morgenroutine dauern sollte, kann jeder für sich selbst entscheiden. Wichtig ist allerdings, dass die gewählten Rituale tagtäglich beibehalten werden. Nur durch die permanente Wiederholung werden diese Rituale schließlich eines Tages zur Routine und erleichtern den entspannten Start in den Tag.

Welche Vorteile haben Morgenrituale?

Im Grunde seines Herzens ist der Mensch ein absolutes Gewohnheitstier, was durch Morgenrituale unterstützt wird. Sind die morgendlichen Routinen erst einmal fest in den Tag integriert, hellen sie die Stimmung auf und vermeiden unnötigen Stress in den Morgenstunden. Ein weiterer Vorteil besteht darin, dass Menschen, die Morgenrituale pflegen, selbstbewusster und engagierter sind, weshalb auch die Aufgaben im Job leichter von der Hand gehen.

Der größte Feind der morgendlichen Rituale sind allerdings schlechte Angewohnheiten. Wer seine Rituale nicht regelmäßig ausführt oder gar komplett aufgibt, läuft rasch Gefahr, wieder in alte Verhaltensmuster zurückzufallen. Idealerweise sollten die schlechten Angewohnheiten deshalb aus dem Leben verbannt und Stück für Stück durch neue Rituale ersetzt werden.

Praktische Tipps für Morgenrituale

Ideal für einen entspannten Start in den Tag ist eine kurze Meditation direkt nach dem Aufstehen. Diese sorgt nicht nur für das nötige Maß an Entspannung, sondern hilft auch dabei, die Gedanken für die anstehenden Aufgaben zu sortieren. Darüber hinaus gibt es noch einige weitere Tipps für den fokussierten Start in den Tag:

Eine ordentliche Schlafumgebung

Bei vielen Menschen ist es so, dass im Kopf dasselbe vorgeht wie in der unmittelbaren Umgebung. Ist diese unordentlich und chaotisch, beeinflusst das auch das Denken und sorgt nur für hektischen Aktionismus, der im

Grunde genommen rein gar nichts bringt. Besser ist es also, am Vorabend vor dem Zubettgehen die unmittelbare Schlafumgebung aufzuräumen und alles an seinen richtigen Platz zu stellen. Wer das macht, wacht in einer angenehm ordentlichen Umgebung auf und kann die anschließende Morgenroutine problemlos ausführen.

Nicht zu viele Entscheidungen treffen

Jede Entscheidung – selbst absolute Kleinigkeiten wie die Wahl der Unterhose – verbrauchen viel Energie und fordern das Gehirn, welches alle Optionen gegeneinander abwägt, enorm. Gerade am Morgen sollte allerdings nicht zu viel Energie verbraucht werden, was auch bedeutet, überflüssige Entscheidungen tunlichst zu vermeiden. Die Entscheidung für die richtige Kleidung am nächsten Tag oder was gefrühstückt wird, kann schließlich auch schon am Vorabend getroffen werden. Ansonsten sollten alltägliche Entscheidungen möglichst schnell getroffen werden, weil sich die verschiedenen Optionen ohnehin nicht großartig voneinander unterscheiden.

Dankbar sein

Auch Dankbarkeit – und wenn es nur für die kleinen Dinge des Lebens ist, kann zu einem entspannten Start in den Tag verhelfen. Jeder sollte sich deshalb morgens drei Dinge überlegen, für die er dankbar ist, weil das die persönliche Glücksbilanz erhöht. Darüber hinaus versetzt das Gefühl der Dankbarkeit in eine positive Stimmung, was den Einstieg in einen produktiven Flow erheblich erleichtert. Eine Dankbarkeitsübung kann also ein gutes Element der Morgenroutine darstellen und nimmt nicht allzu viel Zeit in Anspruch, denn es reicht völlig aus, jeden Tag drei Dinge aufzuschreiben, für die Dankbarkeit empfunden wird.

Sport

Frische Morgenluft in Kombination mit Sport kurbelt den Kreislauf direkt nach dem Aufstehen kräftig an. Dabei muss es sich nicht um ein umfangreiches Sportprogramm handeln, der Spaziergang mit dem Hund reicht schon völlig aus – sofern er regelmäßig erfolgt. Besonders gut eignen sich Übungen, bei welchen viele Muskelgruppen angesprochen werden wie etwa Kniebeugen oder Liegestütze. Die morgendliche Bewegung hat übrigens noch einen weiteren willkommenen Vorteil: Dadurch wird die Produktion von Glückshormonen angeregt.

Eine To-Do-Liste

Auch eine To-Do-Liste kann dabei helfen, strukturiert in den Tag zu starten. Diese sollte idealerweise schon am Vorabend geschrieben werden. Darauf können sowohl die einzelnen Elemente der Morgenroutine als auch die Aufgaben des kompletten Tages notiert werden.

Neue Ernährungsgewohnheiten

Um optimal funktionieren zu können, braucht der menschliche Körper vor allem eines: Energie. Diese bezieht er in aller Regel aus Glucose. Es gibt aber sehr wohl auch alternative Energiequellen für den Körper. Dazu gehören Ketonkörper, welche sich aus Fettsäuren zusammensetzen. Schaltet der Körper in die sogenannte Ketose, bezieht er die benötigte Energie aus Fett und macht ihn leistungsfähiger. Ein ganz willkommener Nebeneffekt: Die überflüssigen Fettpolster werden schneller abgebaut. Das gelingt etwa mit dem intermittierenden Fasten, bei welchem die erste Mahlzeit des Tages erst nachmittags eingenommen wird.

Statt des Frühstücks kann das Trinken eines Glases Wasser zum Morgenritual werden. Das bereitet den Magen auf die erste Mahlzeit vor und füllt zudem die körpereigenen Flüssigkeitsspeicher auf. Ein großes Glas Leitungswasser oder alternativ Zitronenwasser sorgt ferner dafür, dass der Stoffwechsel in Schwung kommt und die Verdauung angeregt wird.

Was sollte bei der Festlegung der Morgenroutine beachtet werden?

Natürlich sollte die morgendliche Routine nicht in Stress ausarten, weshalb auch nicht zu viele Rituale hinein gepackt werden sollten. Um sein Leben zu ändern, reicht es schon völlig aus, wenn nur zwei oder drei Rituale eingebaut werden.

Die goldene Regel

Das Meditieren bedeutet langfristig eine große Veränderung für jeden, der die Meditation praktiziert. Wer damit beginnen möchte, sollte deshalb zunächst einmal hinterfragen, aus welchen Motiven heraus. Das dahinter stehende Motiv kann beispielsweise lauten, im Alltag gelassener zu reagieren oder mentale Unterstützung bei einer chronischen Erkrankung zu finden. Diese Ziele sollten zwar klar, aber auch nicht zu klar formuliert sein, weil es in der Meditation in erster Linie um das Geschehen-Lassen geht und Anfänger nicht mit zu hohen Erwartungen an die Sache herangehen sollten. Jedoch macht das Formulieren von Zielen insofern durchaus Sinn, als diese motivierend wirken und Anfänger nicht gleich bei den ersten Schwierigkeiten die Flinte ins Korn werfen. Darüber hinaus müssen aber auch folgende Voraussetzungen gegeben sein:

Die richtige Technik

Angesichts der Vielzahl an verschiedenen Meditationstechniken gilt es für Anfänger zunächst einmal, die richtige Technik zu finden, mit der sie sich rundum wohl fühlen. Zunächst sollten sich Anfänger für eine Technik entscheiden, die ihnen schlüssig erscheint und ihnen leicht fällt. Für die Wahl der richtigen Technik sollten sich Anfänger am besten auf ihr Bauchgefühl verlassen.

Ruhe und Konzentration

Soll die Meditation für den Meditierenden persönlich erfolgreich wird, müssen sie sich vor allem gut konzentrieren können. Sie brauchen also vor allem Ruhe ohne jegliche Störung von außen. Anfänger sollten also für die Meditation einen Zeitraum wählen, an dem sie weitgehend sicher sein können, von Störungen jedweder Art verschont zu bleiben. Morgens ist ein hervorragender Zeitpunkt, weil dann der Trubel des Tages noch in weiter Ferne liegt und der Meditierende frisch und ausgeruht ist. Auch in den Abendstunden ist der Lärmpegel in aller Regel weitaus geringer.

Meditieren ohne Erwartungshaltung

Sind die Erwartungen nicht zu hoch geschraubt, fällt alles im Leben leichter. Das gilt ebenso für die Meditation. Wer seine Erwartungshaltung ignoriert, setzt sich selbst nicht unter Druck und lauert nicht die ganze Zeit darauf, eine außergewöhnliche innere Erfahrung zu machen. Und auch die Wirkung, welche die Meditation mit sich bringt, kann besser wahrgenommen werden.

Regelmäßige Praxis macht die Meditation einfacher

Je regelmäßiger meditiert wird, umso einfacher fällt das auch. Meditieren Anfänger täglich zur selben Zeit und am selben Ort, stellen sich Geist und Körper nach einer gewissen Zeit ganz automatisch darauf ein, dass jetzt Zeit für Meditation ist. Der Meditierende bringt in die Sitzung also schon eine gewisse Fokussierung und eine Grund-Konzentration in die Sitzung mit, weshalb er auch leichter einsteigen kann.

Wenn der innere Schweinehund im Weg steht

Die meisten Probleme, die Anfänger mit der Meditation haben, sind in ihnen selbst begründet: Sie sind nicht oder nicht ausreichend motiviert, gehen mit einer falschen inneren Einstellung heran oder gehen unsystematisch vor. Aus diesem Grund gelingt es Anfängern oft nicht, dauerhaft zu meditieren und auch Fortgeschrittene erreichen nicht das, was sie eigentlich erreichen könnten. Aber auch diese Probleme lassen sich aus der Welt schaffen.

Mehr Motivation

Jeden Tag zu meditieren erfordert nicht zuletzt ein gewisses Maß an Disziplin. Es ist schon einmal gut, wenn sich Anfänger vornehmen, künftig jeden Tag für eine bestimmte Zeit zu meditieren. Schwierig kann das aber werden, wenn sie dabei rein auf die Kraft ihres Willens vertrauen. Der Grund: Diese lässt sich nicht gezielt abrufen und fehlt eben meist dann, wenn sie am dringendsten gebraucht werden würde. Hinzu kommt, dass die Willenskraft im Lauf der Zeit auch an Kraft verliert. Besser ist es also, die Motivation zu steigern das gelingt folgendermaßen:

- Setzen sich Anfänger zur Meditation hin, sollten sie sich zuerst ins Gedächtnis rufen, warum sie sich dazu entschlossen haben. Des Weiteren sollten sie sich die positiven Veränderungen in ihrem Leben vorstellen, ebenso, wie es sich anfühlen könnte, wenn der Geist konzentriert, ruhig und frei ist.

- Der regelmäßige Austausch mit Menschen, die ebenfalls meditieren, steigert die Motivation ebenso. Auch weitere Infos über die Meditation einzuholen kann Sinn machen. Denn jeder, der sich für etwas interessiert, geht ganz automatisch auch mit einer höheren Motivation daran heran.

Die richtige Einstellung entwickeln

Jeder Mensch ist Teil der Welt, die er beobachtet. Das wiederum heißt, dass sich die Dinge, welche beobachtet werden, allein schon durch die Beobachtung an sich verändert werden. Diese Tatsache konnte mittlerweile sogar in der Quantenphysik wissenschaftlich nachgewiesen werden. Die Forscher stellten hier fest, dass sich die Teilchen anders verhalten, wenn sie beobachtet werden. Der Beobachter hat also einen Einfluss auf die Materie, welche er beobachtet. Ebenso verhält es sich auch mit dem menschlichen Geist und der Meditation. Folgende geistige Einstellungen sind hilfreich für eine erfolgreiche Meditationspraxis:

- Der Meditierende sollte die Meditation als Experiment betrachten und einfach nur abwarten, was geschieht. Sämtliche Vorstellungen darüber, wie etwas zu sein hat, sollte er loslassen und auch während der Meditation auch nicht bewerten oder urteilen.

- Keinesfalls sollte der Meditierende versuchen, sich anzustrengen. Denn wer krampfhaft versucht, etwas zu erreichen, braucht nur umso länger.

- Der Meditierende sollte alles so annehmen, wie es gerade kommt, ganz gleich, ob es sich um Emotionen, Gedanken oder Bilder handelt und er sollte auch nicht gegen etwas ankämpfen.

- Der Meditierende sollte akzeptieren, was ist, und damit anfangen, sein Leben selbst in die Hand zu nehmen.

- Negative Dinge sollte der Meditierende als Gelegenheit betrachten, etwas zu lernen und daran zu wachsen.

- Keinesfalls sollte der Meditierende versuchen, all jene Dinge, die in seinem Geist passieren, verstandesmäßig zu betrachten. Schließlich ist es völlig unnötig, allen Dingen auf den Grund zu gehen. Verstand, Denken und Intellekt sind nicht nötig, um den Geist durch eine Meditation zu reinigen.

Meditieren mit System

Augenscheinlich ist Meditation ganz einfach, was näher betrachtet aber ganz gewiss nicht der Fall ist. Anfänger haben das nach einigen Sitzungen schon nach relativ kurzer Zeit festgestellt. Der Grund dafür liegt darin, dass es sich beim menschlichen Geist um ein äußerst komplexes, vielschichtiges und kompliziertes System handelt. Wer versucht, seinen Verstand bei einer Meditation einzusetzen, wird dadurch lediglich in die Irre geführt.

Einst wurde die Kunst des Meditierens vom Meister in einem mehrjährigen Prozess an die Schüler weitergegeben. Nicht selten zogen die Schüler dafür sogar in ein Kloster. Die Einführung folgte dann Schritt für Schritt auf Basis alter Schriften. Weil den meisten Menschen das unmöglich ist, meditieren sie vielfach ohne eine systematische Anleitung. Denn bei der Meditation handelt es sich um einen Prozess, welcher sich in mehreren Stufen vollzieht. Erst am Ende dieses Prozesses stehen tiefe Zufriedenheit, wahres Glück, Erfolg und Freiheit.

Weitere Tipps für die Praxis:

- Die Meditation sollte frühestens zwei Stunden nach der letzten Mahlzeit erfolgen.
- Kurz vor der Meditation sollte der Meditierende noch einmal zur Toilette gehen, um Störungen zu vermeiden.

Schlusswort

Zum Schluss möchten wir unseren Lesern für den Kauf des Buches ein herzliches Dankeschön sagen. Sie finden hier einen Überblick über die faszinierende Welt der Meditation und grundlegende Informationen, die sich selbstverständlich noch weiter vertiefen lassen. Auch wenn die Vielzahl der Techniken ein wenig verwirrend erscheint: Jedem, der dies möchte, ist es auch möglich, die Kunst der Meditation zu erlernen. Er braucht nur die richtige Technik zu finden und einige Tipps zu beherzigen.

Rechtliches

Impressum
Michael Fischer wird vertreten durch:

Finn Dubbels
Hofweg 86
22085 Hamburg

Coverbilder
[rudall30] | [depositphotos.com]

bearbeitet von: oliviaprodesign– fiverr.com

Haftung für externe Links
Das Buch enthält Links zu externen Webseiten Dritter,
auf deren Inhalt der Autor keinen Einfluss hat. Deshalb
kann für die Inhalte externer Inhalte keine Gewähr
übernommen werden. Für die Inhalte der verlinkten
Webseiten ist der jeweilige Anbieter oder Betreiber der
Webseite verantwortlich. Die verlinkten Seiten wurden
zum Zeitpunkt der Verlinkung auf mögliche
Rechtsverstöße überprüft. Rechtswidrige Inhalte waren
zum Zeitpunkt der Verlinkung nicht erkennbar. Eine
permanente inhaltliche Kontrolle der verlinkten
Webseiten ist jedoch ohne konkrete Anhaltspunkte einer
Rechtsverletzung nicht zumutbar. Bei Bekanntwerden
von Rechtsverletzungen werden derartige Links
umgehend entfernt.